Prof. Dr. Werner Ebeling

Chaos – Ordnung – Information

Selbstorganisation in Natur und Technik

Verlag Harri Deutsch

Einbandgrafik: M. C. Escher – Kreislimit III, Holzschnitt, 1958;
Collection Haags Gemeentemuseum – The Hague.

CIP-Titelaufnahme der Deutschen Bibliothek

Ebeling, Werner:

Chaos – Ordnung – Information: Selbstorganisation in Natur und Technik / Werner Ebeling. – 1. Aufl. – Frankfurt am Main ; Thun : Deutsch, 1989
ISBN 3-8171-1112-6

ISBN 3-8171-1112-6

1. Auflage 1989

Lizenzausgabe für den Verlag Harri Deutsch, Frankfurt am Main, Thun
Printed in the German Democratic Republic

Inhalt

Chaos und Kosmos 5

Hatten die alten Griechen recht? 5
Die Photonenmühle – Motor der Selbstorganisation 9
Entstehung eines neuen Wissenschaftszweiges – Synergetik 17

Prozesse der Selbstorganisation 19

Selbsterregte Schwingungen und Wellen 19
Dissipative Strukturen 22
Strömungsstrukturen 25
Chaotische Dynamik und Turbulenz 29

Prinzipien der Selbstorganisation 36

Die zwei Seiten unserer Welt 36
Formulierung von Arbeitsprinzipien 37

Zur technischen Nutzung von Prozessen der Selbstorganisation 44

Energie-, Material- und Bauelementeprobleme 44
Automatisierung und Optimierung 49

Selbstorganisation und Information 57

Was verstehen wir unter Information? 57
Physikalische Grundlagen für Informationsprozesse 59
Mustererkennung und assoziatives Gedächtnis 66

Selbstorganisation als Prinzip einer künftigen Rechnergeneration? 73

Warum wird in der ganzen Welt intensiv nach neuen Rechnerprinzipien gesucht? 73

Selbstorganisation in der biologischen Informationsverarbeitung 78

Welche Beiträge zur Informationsverarbeitung durch Selbstorganisation offeriert die Chemie? 83

Conrads Kostenprinzip: Netzwerkmaschinen als Kompromißlösung! 89

Netzwerkmaschinen in Hardware 94

Szenario der Selbstorganisation des Lebens 101

Was verstehen wir unter »Leben«? 101

Betrachtungen zur Entstehung des Lebens auf der Erde 102

Quo vadis evolutio? 110

Weiterführende und ergänzende Literatur 114

Glossar 116

Chaos und Kosmos

Hatten die alten Griechen recht?

Für die alten griechischen Denker, die vor über 2000 Jahren zum Wesen der Dinge vorzudringen suchten, waren Chaos und Kosmos Grundgesetze. Unter Chaos verstanden sie ein wüstes, wirres Durcheinander, den ungeordneten Urzustand der Welt. Aus dem Chaos soll sich, so nahmen sie an, der Kosmos, d. h. der geordnete Zustand der Welt, entwickelt haben. Für die griechischen Naturphilosophen war dieses »Weltbild« ein befriedigendes Denkmodell. Nur wenige Beobachtungen über die Struktur des Kosmos standen zur Verfügung. Es gab noch keine Instrumente, so daß der Sternenhimmel nur mit dem bloßen Auge erforscht werden konnte.

Heute stehen den Forschern große Spiegelteleskope für die optische Beobachtung, gewaltige Radioantennen für die Untersuchung der Radiowellen und viele andere Instrumente zur Verfügung. Das gesamte Spektrum der Strahlung, die unseren Planeten erreicht, bis hin zu winzigsten Intensitäten wird systematisch durchforscht. Sogar auf künstlichen Erdsatelliten wurden Teleskope und Detektoren montiert, die die Strahlung aus dem Weltraum ohne jede Verfälschung durch atmosphärische Streuprozesse empfangen können. Wir verfügen dadurch über ein riesiges Beobachtungsmaterial, das weit über das der griechischen Naturphilosophen hinausgeht. Aus der Fülle des Materials heben wir drei Beobachtungen heraus, die eine Schlüsselrolle für die Formierung des heutigen wissenschaftlichen Weltbildes gespielt haben.

Die erste dieser Beobachtungen geht auf Gustav Kirchhoff und Robert Bunsen zurück, die 1859 in Heidelberg die Methode der Spektralanalyse entwickelten. Diese neue Methode zum Nachweis chemischer Elemente wurde sogleich als machtvolles Instrument für die Erforschung der Sonne und anderer Gestirne eingesetzt. Ein neues Gebiet der Astrophysik entstand, das als erste Hauptaufgabe die Erforschung der Zusammensetzung und des Baues der Sterne in Angriff nahm. Nachdem Kirchhoff 1875 eine Berufung an die Berliner Universität angenommen hatte, wurde in Potsdam das Astrophysikalische Observatorium gegründet, dem Kirchhoff als Kurator vorstand.

In langwierigen Untersuchungen gewann man die Erkenntnis, daß die Sonne und die Sterne keine anderen chemischen Elemente enthalten als unsere Erde. Diese Erkenntnis verdichtete sich, nachdem immer fernere Sterne aus weitab liegenden Galaxien spektralanalytisch untersucht worden waren: Die Metagalaxis – das ist das System der Galaxien, zu dem unsere Milchstraße gehört und das alle uns durch Beobachtung zugänglichen Elemente umfaßt – ist chemisch einheitlich zusammengesetzt. Obwohl es erhebliche Unterschiede in den Häufigkeiten der Elemente zwischen Sternen und Planeten gibt, findet man im Mittel doch ein einheitliches Bild: 77 % Wasserstoff, 22 % Helium, 0,8 % Sauerstoff, 0,1 % Eisen, 0,1 % übrige Elemente.

Die zweite bedeutende Entdeckung geht auf den amerikanischen Astronom Edwin P. Hubble zurück, der 1929 die Rotverschiebung der Galaxien entdeckte. Nach Hubble zeigen die Spektren der Elemente ferner Galaxien eine systematische Verschiebung zum roten Teil des Spektrums hin. Der Betrag dieser Verschiebung wächst mit dem Abstand der Galaxien vom Beobachter. Deutet man diese Rotverschiebung als Doppler-Effekt, so scheinen die fernen Galaxien von uns zu fliehen, wobei die Fluchtgeschwindigkeit linear mit dem Abstand wächst. Will man die absurde Deutung vermeiden, daß wir das absolute Zentrum dieser Fluchtbewegung sind, so bleibt nur die Annahme, daß die Flucht relativ ist. Hubble zog den Schluß, daß sich zwei beliebige Galaxien mit einer Geschwindigkeit voneinander entfernen, die ihrem Abstand proportional ist (Abb. 1):

$$v = H\,r\,. \qquad (1)$$

Dabei ist v die Relativgeschwindigkeit und r der Abstand. Die sogenannte Hubble-Konstante H hat die Dimension einer reziproken Zeit. Ihr genauer Wert ist nicht bekannt; die meisten Schätzungen liegen im Bereich

$$H^{-1} = 10 \text{ bis } 20 \text{ Milliarden Jahre}\,. \qquad (2)$$

Die dritte wichtige Beobachtung, auf die wir uns beziehen, ist die Entdeckung der Hintergrundstrahlung durch die amerikanischen

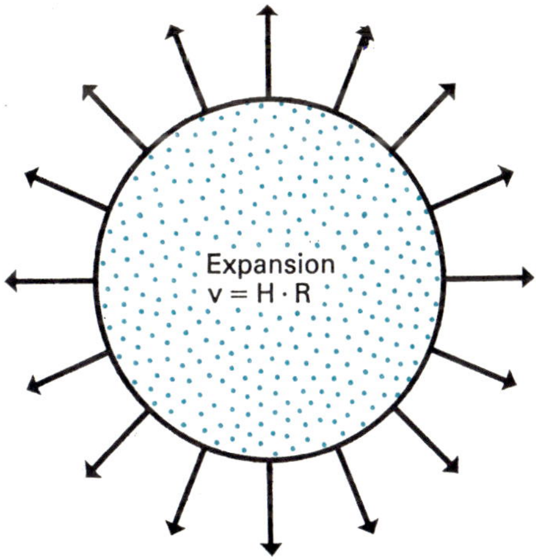

Abb. 1. Symbolische Darstellung der Expansion unserer Metagalaxis seit dem »heißen Urknall«

Radioastronomen Arno Penzias und Robert Wilson im Jahre 1965. Mit einem relativ kleinen Horn-Reflektor für Radiowellen, dessen Sammelbereich nur 25 m einschloß, der aber hochempfindlich war, untersuchten diese beiden Forscher systematisch extraterrestrische Radioquellen. Im Frühjahr 1965 gelangten sie nach sorgfältiger Auswertung der Messungen zu der Überzeugung, daß es eine ungerichtete schwache Radiostrahlung im Zentimeterwellenbereich gibt, die die Erde gleichmäßig von allen Seiten trifft. Die spektralen Charakteristika dieser Strahlung entsprechen der eines schwarzen Körpers im Sinne von Kirchhoff, der eine Temperatur von etwa 3 K hat. Der Schluß lag nahe, daß der gesamte Weltraum von Photonen erfüllt ist, die einem Photonengas der Temperatur 3 K entsprechen.

Die drei oben geschilderten Beobachtungen sind die experimentellen Säulen, auf denen unser modernes naturwissenschaftliches Weltbild beruht.

Der entscheidende Schritt von seiten der Theorie war die Einsteinsche allgemeine Relativitätstheorie (1916), die von Alexander Friedmann in Leningrad 1922 zur Entwicklung eines kosmologischen Modells herangezogen wurde. Friedmann erhielt aus Einsteins Feldgleichungen Lösungen, die zu expandierenden oder kontrahierenden Kosmen korrespondieren. Das Modell des expandierenden Kosmos war in Übereinstimmung mit den Beobachtungen von Hubble, und so festigte sich die Überzeugung vom realen Kern dieses Modells.

Den nächsten wichtigen Schritt ging George Gamov aus Colorado, ein ehemaliger Schüler von Friedmann. Gamov nahm das Friedmannsche Modell ernst und untersuchte zusammen mit seinen Mitarbeitern die thermodynamischen Konsequenzen. Wenn die durch Gleichung (1) beschriebene lineare Expansion korrekt ist, müßten alle Abstände im Kosmos vor 10 bis 20 Milliarden Jahren sehr klein gewesen sein und die Dichten entsprechend hoch. Das entspricht nach den Gesetzen der Thermodynamik hohen Temperaturen. So wurde die Hypothese formuliert, daß der Kosmos zu Beginn der Expansionsphase sehr dicht und heiß war.

Obwohl viele Teile des modernen Bildes von der Evolution unserer Metagalaxis heute noch spekulativ sind – besonders trifft das die Frühphasen der Expansion –, gibt es hinsichtlich der Grundzüge, die sich auf die oben genannten Beobachtungen stützen, schon weitgehende Übereinstimmung. Wir wissen mit einiger Sicherheit, daß sich unsere Metagalaxis seit etwa 15 bis 20 Milliarden Jahren ausdehnt. Zu Beginn dieser Expansionsphase war die gesamte Materie der Metagalaxis dicht, heiß und unstrukturiert. Im Laufe der Expansion wurde die Materie dünner, kühler und strukturierte sich von selbst. Die Kerne der heutigen chemischen Elemente entstanden zum großen Teil (zu etwa 99 %) in der Periode zwischen 100 und 10 000 Sekunden nach Beginn der Expansion. In einem Prozeß der Kernsynthese wurde die relative Häufigkeit von Wasserstoff zu Helium, deren Gewichtsanteile sich wie 3,5:1 verhalten, fixiert. Diese beiden Elemente machen heute 99 % der in der Metagalaxis vorkommenden Kernmassen aus. Die schwereren Kerne sind zum großen Teil erst später, wahrscheinlich vorwiegend bei Supernovae-Explosionen, entstanden. Die heutige Zusammensetzung beträgt: Wasserstoff 77 %, Helium 22 %, Sauerstoff 0,8 %, Eisen 0,1 %, sonstige Kerne 0,1 %.

Die Bildung von Atomen der chemischen Elemente begann erst etwa 300 000 Jahre nach Beginn der Expansion, als die Temperaturen auf 3 000 bis 4 000 K abgesunken waren. Bei den höheren Temperaturen der Frühphase konnten die Kerne ihre Partnerelektronen noch nicht festhalten. Die hohe thermische Energie zerstörte alle atomaren Strukturen. Bei Temperaturen unter 3 000 bis 4 000 K sind Wasserstoff- und Heliumkerne in der Lage, Elektronen fest zu binden. Die Abkühlung der Metagalaxis hatte zu neuen Strukturen, den Atomen, geführt.

In der folgenden Epoche zerfiel die Metagalaxis in zwei nur schwach gekoppelte Systeme: Stoff und Strahlung (Abb. 2). Das

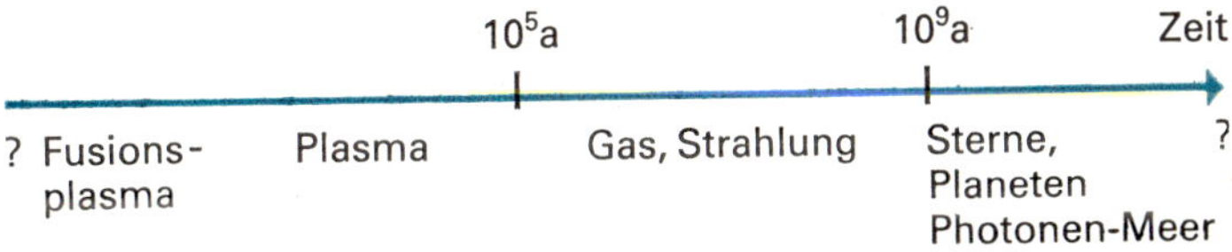

Abb. 2. Hauptetappen der Evolution unserer Metagalaxis

Strahlungsfeld blieb bei der weiteren Expansion und der damit verbundenen Abkühlung homogen, seine Dichte beträgt heute noch etwa 500 Photonen/cm^3 und seine Temperatur nur noch 3 K. Die stoffliche Materie, zunächst ein heißes atomares Gas, nahm einen anderen Entwicklungsweg. Infolge der Abkühlung gewannen die anziehenden Gravitationskräfte schließlich die Oberhand über die thermische Bewegung. Die stoffliche Materie klumpte zusammen, bildete Gasbälle, die sich durch Kompression wieder erhitzten. Es entstanden Sterne mit Oberflächentemperaturen von etwa 10 000 K und relativ kühle Planeten.

Wie wir im folgenden zeigen wollen, ist das Herabfallen der heißen Photonen von Sternoberflächen über die kühlen Planeten in das kalte Bad der Hintergrundstrahlung die entscheidende Triebkraft für Prozesse der Selbstorganisation, die zu den biologischen und letztlich zu gesellschaftlichen Strukturen geführt haben. Der Kosmos war ursprünglich ein chaotisches, unstrukturiertes System, das mit hochwertiger Energie (Wärme hoher Temperatur) wie eine Batterie geladen war. Aus dem chaotischen Urzustand entwickelten sich im Ergebnis der adiabatischen Expansion infolge von Gravitationsinstabilitäten, später durch eine ganze Folge von hydrodynamischen, chemischen und weiteren Instabilitäten die Ordnungszustände, die wir heute beobachten.

Selbstorganisation und Evolution sind immanente Eigenschaften unserer Metagalaxis. Es ist müßig, darüber zu spekulieren, ob das immer und überall im Kosmos galt und gelten wird. Wesentlich ist, daß es für die Metagalaxis gilt, zu der der Planet Erde gehört. Die Evolution dieser unserer Metagalaxis ist ein historischer Prozeß, der durch Anfangs- und Randbedingungen wesentlich geprägt, in seinem Ablauf aber vielfach durch zufällige Ereignisse bestimmt wird.

Die Photonenmühle — Motor der Selbstorganisation

Im vorigen Abschnitt wurde gezeigt, wie das Modell des heißen expandierenden Weltalls zwangsläufig zu einer spontanen Struk-

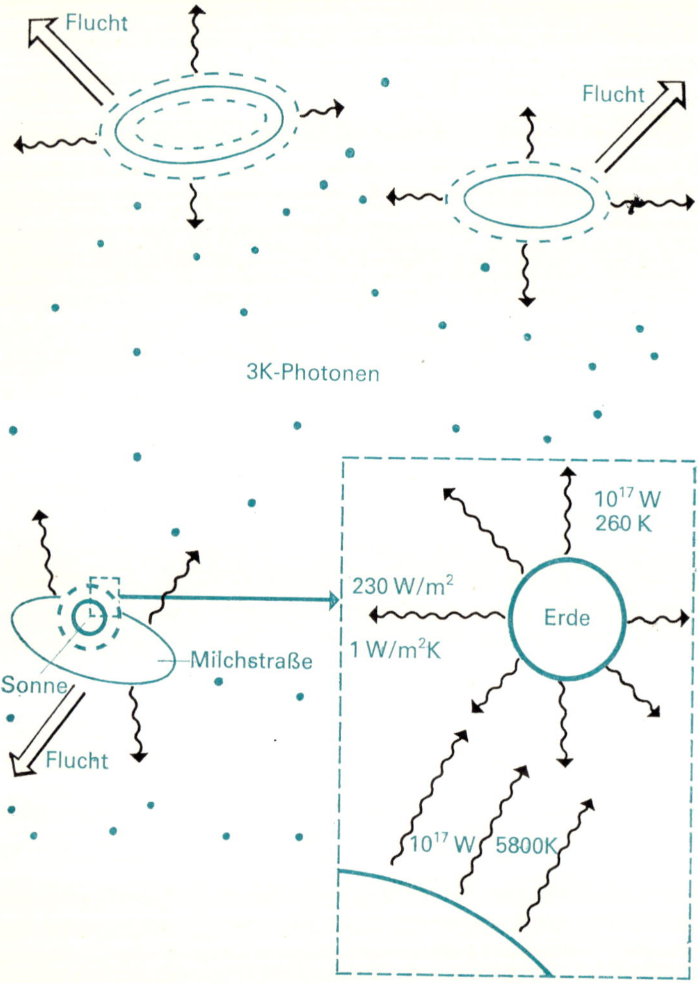

Abb. 3. Die Milchstraße im System der Galaxien (Metagalaxis) und ihre Einbettung in die Hintergrundstrahlung. Im Fenster der Strahlungshaushalt von Erde und Sonne.

turierung führt. Die stoffliche Materie bildet heiße Sterne und kühlere Planeten, die in ein Gas kalter Photonen, den See der Hintergrundstrahlung, eingebettet sind (Abb. 3).

Die dazu führenden Prozesse sollen nun etwas genauer beleuchtet werden. Von entscheidender Bedeutung ist das Verständnis folgender fünf Teilprozesse:

1) adiabatische Abkühlung,
2) Entkopplung von Strahlung und Stoff,
3) Gravitationskollaps der stofflichen Materie,
4) Wiederaufheizen der stofflichen Materie,
5) Herausbilden eines Photonengefälles.

Die adiabatische Abkühlung und ihre Umkehrung, die adiabatische Erhitzung, gehören zu unseren alltäglichen Erfahrungen. Halten wir die Hand in die aus einem Reifen ausströmende Luft, so empfinden wir Kühle. Pumpen wir den Reifen auf, so beobachten wir Erwärmung der Luft. Expansion wird offenbar von Abkühlung begleitet, Kompression von Erhitzung. Wir bezeichnen solche Prozesse als adiabatisch, wenn der Austausch von Wärme mit einer Umgebung dabei keine Rolle spielt. Eine systematische Auswertung von Versuchen lehrt uns, daß zwischen der Temperatur T und der Dichte n eine sehr einfache Beziehung besteht:

$$T = \text{const}\ n^{\varkappa} \tag{3}$$

Die Temperatur ändert sich mit einer bestimmten Potenz der Dichte. Der Exponent $\varkappa$ hat für stoffliche Gase den Wert

$$\varkappa = \frac{2}{3} \tag{4}$$

und für Photonengase, d. h. für strahlungserfüllte Räume, den Wert

$$\varkappa = \frac{1}{3}\,. \tag{5}$$

Hier und im folgenden verstehen wir unter stofflicher Materie solche, die aus Teilchen mit einer Ruhemasse besteht, d. h. aus Kernen, Elektronen, Atomen, Molekülen usw.

Wenn die Auszählung der Photonen der Hintergrundstrahlung heute 500 pro Kubikzentimeter bei einer Temperatur von 3 K ergibt, so müssen 300 000 Jahre nach Expansionsbeginn, als die Temperatur etwa 3 000 K betrug, Photonendichten von etwa

$$100\,000\ \text{cm}^{-3} \tag{6}$$

geherrscht haben. Geht man noch näher an den Beginn der Expansion, den »Urknall«, heran, so ergeben sich gigantische Dichten. Gedanklich können wir uns in jene weit zurückliegende Zeit versetzen. In Wirklichkeit verlief allerdings der Abkühlungsprozeß einsinnig, das heiße expandierende Plasma des »Urzustandes« kühlte sich im Verlauf der Expansion rasch ab. Dabei bestimmten die Photonen, die in der Überzahl waren – es gibt in der Metagalaxis etwa 10^9mal mehr Photonen als stoffliche Teilchen – den adiabatischen Exponenten $\varkappa$ nach Gleichung (5).

Die Temperatur der stofflichen Komponente mußte sich im Frühstadium der Expansion nach der Temperatur der Photonen richten. Die Ursache dafür lag in den ständigen Austausch- und Wechselwirkungsprozessen zwischen Stoff und Strahlung. Als die Temperatur des Plasmas auf einige tausend Kelvin gefallen war, änderten sich die Verhältnisse grundlegend. Die Kerne fingen Elektronen ein, bildeten neutrale Atome und später Moleküle. Die stoffliche Komponente bestand nun aus einem neutralen und durchsichtigen Gas, das nur noch schwach mit Photonen wechselwirkte. Jeder kann einen entsprechenden Versuch anstellen, indem er eine Leuchtröhre ausschaltet. Die Temperatur fällt beim Abschalten der Spannung rasch, und das undurchsichtige leuchtende Plasma verwandelt sich in durchsichtiges Gas. In unserer Metagalaxis vollzog sich dieses Ereignis einige hunderttausend Jahre nach Expansionsbeginn. Seither führen Stoff und Strahlung ein relatives Eigenleben. Das Schicksal der Photonen war unkompliziert, sie kühlten sich mit fortschreitender Expansion nach Gleichungen (3) und (5) bis zum heutigen Zustand immer weiter ab. Gegenwärtig bildet die Strahlung einen See von 3-K-Photonen, die mit einer Dichte von 500 cm^{-3} den Kosmos homogen erfüllen.

Wie schon beschrieben, war das Schicksal der stofflichen Materie komplizierter. Warum war das so? Stoffliche Teilchen besitzen im Gegensatz zu den Photonen eine Ruhemasse. Damit sind sie in höherem Maße als die Photonen, die nur Bewegungsmasse besitzen, der Wirkung der Gravitationskräfte unterworfen. Solange die Temperaturen noch sehr hoch waren, d. h. in der Anfangsphase der Expansion, war die ungeordnete thermische Bewegung so stark, daß sich keine Inhomogenitäten, die die Keime für die Strukturbildung sind, ausbilden konnten. Mit fallenden Temperaturen wurde der Einfluß von Gravitation immer stärker. Zufällige Dichteschwankungen wurden durch die Gravitation verstärkt, es bildeten sich Klumpen stofflicher Materie. Man spricht in diesem Zusammenhang von Gravitationsinstabilitäten. Schon Isaac Newton hat im 17. Jahrhundert darauf hingewiesen, daß homogene Massenverteilungen zum Zusammenklumpen neigen. Die Ausbildung von Klumpen stofflicher Materie war allerdings erst möglich, als die Temperaturen weit unter tausend Kelvin abgesunken waren.

Einen ganz analogen Effekt beobachtet man bei Gasen mit anziehenden Wechselwirkungen, sogenannten Van-der-Waals-Gasen. Bei hohen Temperaturen zeigen solche Gase homogene Zustände. Kühlt man sie dagegen ab, z. B. durch adiabatische Expansion, treten die Gasmoleküle zu Tröpfchen zusammen, wir beobachten Kondensationseffekte.

Wir dürfen uns vorstellen, daß die heutigen galaktischen Strukturen aus gigantischen Massenballungen in der frühen Metagalaxis hervorgegangen sind. Während sich aus den großen Gasklumpen die Galaxien herausbildeten, setzte dann noch eine Strukturierung in den Galaxien ein. Kugelförmige Inhomogenitäten wurden durch die anziehende Wirkung der Gravitation immer stärker zusammengepreßt. Infolge der adiabatischen Kompression des Gases stieg die Temperatur mit der Dichte nach dem Gesetz (3) mit (4) wieder an. Hinreichend große Gaskugeln erreichten durch den Gravitationskollaps schließlich wieder Temperaturen von vielen Millionen Kelvin, die Kernfusion kam in Gang, Sterne wurden geboren. Diese Prozesse waren sehr komplex und sind auch heute im einzelnen noch ungeklärt, sie sollen hier nicht weiter erörtert werden.

Wichtig ist für uns nur, daß aus einer unstrukturierten homogenen Verteilung der stofflichen Materie im Laufe von Jahrmilliarden komplizierte Strukturen und Überstrukturen wie Rote Riesen, Sonnen, Weiße Zwerge, Planeten, Galaxien und galaktische Überstrukturen entstanden. Typische Repräsentanten sind unsere Sonne mit einer Oberflächentemperatur von etwa 6 000 K und unsere Erde mit einer Oberflächentemperatur von etwa 300 K.

Damit ergibt sich folgende Grundstruktur unserer Welt: Relativ dichte und wieder erhitzte Klumpen der stofflichen Materie (Sterne und Planeten) sind in einen homogenen See von Strahlung (3-K-Photonen) eingebettet. In dieser Konstellation kommt ein Mechanismus in Gang, der für den weiteren Gang der Selbstorganisation der Materie die Triebkraft darstellt; es handelt sich um die sogenannte Photonenmühle (Abb. 4). Von der Oberfläche der relativ heißen Sterne werden Photonen mit Temperaturen von vielen tausend Kelvin emittiert, die über verschiedene Zwischenstadien, z. B. die Oberfläche von Planeten, schließlich in den See der 3-K-Photonen herabfallen. Dieser Mechanismus treibt die Mühle der Selbstorganisation und Evolution auf Planeten an.

Die Photonenmühle arbeitet im Prinzip ähnlich wie die jedem geläufige Wassermühle oder wie eine Wärmekraftmaschine. Die Wirkung der Wassermühle beruht darauf, daß Wasser von einem höheren Niveau der potentiellen Energie auf ein tieferes Niveau fällt. In das Gefälle ist ein Mühlrad eingeschaltet, das einen Teil

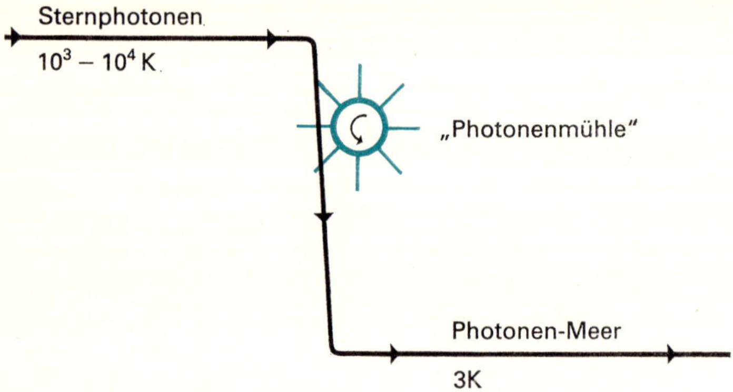

Abb. 4. Das »Herabfallen« der Photonen vom Niveau der Sternoberflächen auf das Niveau der 3-K-Photonen treibt die »Photonenmühle« an, den Motor der Evolution.

der Differenzenergie abzapft und in nützliche Energie von Rotationsbewegungen umwandelt. Die Wärmekraftmaschinen, zuerst von Sadi Carnot und Rudolf J. E. Clausius genauer studiert, arbeiten nach einem ähnlichen Prinzip. Man benötigt ein Wärmereservoir hoher Temperatur, z. B. einen Dampfkessel, und ein Wärmereservoir geringerer Temperatur, z. B. einen Fluß oder See oder die Umgebungsluft. In diesem Gefälle arbeitet die Wärmekraftmaschine (Abb. 5), die aus der »herabfließenden« Wärme einen Teil in Form nutzbringender mechanischer Arbeit abzapft. Die thermodynamische Theorie solcher Wärmekraftmaschinen liegt heute gut ausgearbeitet vor. Clausius verdanken wir die Erkennt-

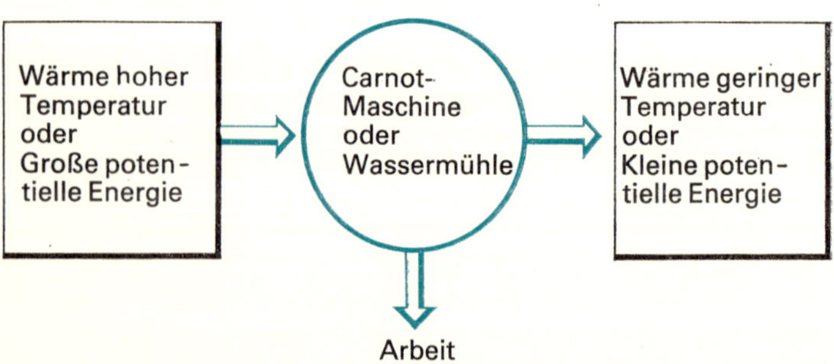

Abb. 5. Zum Vergleich mit der Photonenmühle wird hier das Funktionsprinzip von Carnot-Maschinen und Wassermühlen dargestellt.

nis, daß dabei nicht nur Energieströme, sondern auch der Strom einer Entropie genannten Größe eine wichtige Rolle spielen. Wenn ein Körper bei einem Übergang von einem Zustand 1 zu einem Zustand 2 bei einer Temperatur T Wärme im Betrag Q_{12} aufnimmt, so ändert sich nach Clausius seine Entropie um

$$s_2 - s_1 = \frac{Q_{12}}{T} . \qquad (7)$$

Wir können statt dessen sagen, dem Körper fließt Entropie zu, er importiert Entropie. Wenn ein Körper Wärme an die Umgebung abgibt, fließt Entropie ab, der Körper exportiert Entropie.

Eine Wärmekraftmaschine nimmt Wärme bei höherer Temperatur auf und gibt Wärme bei geringerer Temperatur ab. Sie gibt daher nach Gleichung (7) mehr Entropie ab, als sie aufnimmt. Eine Wärmekraftmaschine exportiert Entropie. In diesem Zusammenhang von Entropieexport zu sprechen ist eine andere (thermodynamische) Ausdrucksweise für die Fähigkeit einer Wärmekraftmaschine, Nutzarbeit zu leisten.

Der belgische Forscher Ilya Prigogine, Nobelpreisträger für Chemie 1977, hat in grundlegenden Arbeiten gezeigt, daß Entropieexport nicht nur für Wärmekraftmaschinen, sondern darüber hinaus für alle Systeme mit der Fähigkeit zur Selbstorganisation von grundlegender Bedeutung ist. Betrachten wir unter diesem Gesichtspunkt die »Photonenmühle Erde« (Abb. 6). Dieses System nimmt einen Wärmestrom von etwa 10^{17} W von der Sonne auf, dessen Temperatur 5 800 K beträgt; das entspricht der effektiven Oberflächentemperatur der Sonne. Die Erde strahlt nach außen etwa die gleiche Wärmemenge von 10^{17} W wieder ab, wobei allerdings die Temperatur dann nur noch 260 K beträgt. Das ist die Temperatur der Wärmestrahlung des Planeten Erde, die ein Beobachter aus großer Höhe messen würde. Eine einfache Rechnung ergibt:

$$\frac{\text{Entropieänderung}}{\text{Zeiteinheit}} = \frac{\text{Wärmestromaufname}}{T_{\text{Aufnahme}}} - \frac{\text{Wärmestromabgabe}}{T_{\text{Abgabe}}}$$

$$= 10^{17}\ \text{W} \left(\frac{1}{5800\ \text{K}} - \frac{1}{260\ \text{K}} \right)$$

$$\approx -4 \cdot 10^{14}\ \text{W/K}. \qquad (8)$$

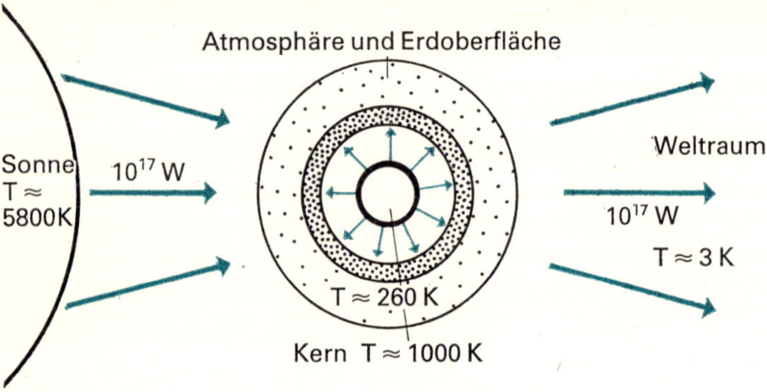

Abb. 6. Schema der Wirkungsweise der »Photonenmühle Erde«

Unser Planet gibt im Mittel pro Sekunde $4 \cdot 10^{14}$ Entropieeinheiten (Watt/Kelvin) an die Hintergrundstrahlung ab. Wir bezeichnen das als Entropieexport des Planeten. Pro Quadratmeter Erdoberfläche ergibt das im Mittel einen Entropieexport von

$$1 \text{ W/K m}^2. \qquad (9)$$

Diese einfach zu merkende Zahl spiegelt eine grundlegende Eigenschaft der Erde wider. Unsere Erde gibt laufend Entropie an ihre Umgebung ab, sie exportiert Entropie. Gerade diese Eigenschaft verleiht ihr die Fähigkeit zur Selbstorganisation.

Stellen wir uns einen Moment vor, die Erde besäße nicht die Fähigkeit, fortwährend Entropie nach außen abzugeben. Auf Grund der vielen irreversiblen Prozesse, die in ihrem Innern und auf ihrer Oberfläche ablaufen, würde sich dann immer mehr Entropie auf der Erde anhäufen. Wie wir noch zeigen werden, ist Entropie aber ein Maß für Unordnung; mehr Entropie würde auch mehr Unordnung bedeuten. Da die Erde sich jedoch vom Ballast Entropie ständig befreien kann, besitzt sie die potentielle Möglichkeit zur Ausbildung von Strukturen, von Ordnung.

Der Grundmechanismus, demzufolge unsere Erde von Entropie frei wird, besteht in der Aufnahme von Hochtemperaturphotonen und der Abgabe von Niedertemperaturphotonen. Wir können unsere Erde als eine »Photonenmühle« betrachten, die in dem Gefälle zwischen heißen Photonen der Sonnenstrahlung und kühlen Photonen der Abstrahlung arbeitet. Die Größe 1 W/km^2 charakterisiert die thermodynamische Stärke der Triebkraft dieser Mühle, die die Prozesse der Selbstorganisation und Evolution auf der Erde antreibt.

Entstehung eines neuen Wissenschaftszweiges — Synergetik

Die Theorie der Selbstorganisation, auch Synergetik genannt, entwickelt sich seit etwa fünfzehn Jahren; Pionierarbeit wurde von der Brüsseler Schule um Ilya Prigogine, der sowjetischen Schule in Moskau und Gorki und der Stuttgarter Schule um Hermann Haken geleistet. Gegenstand dieser neuen Disziplin ist die Erforschung der spontanen Bildung von Strukturen. Die neuen Erkenntnisse haben unser Verständnis von den Prozessen der Selbstorganisation und Evolution auf unserem Planeten wesentlich vertieft. Diese Richtung ist jedoch auch für die moderne Technik von großem Interesse, wie wir später zeigen werden.

Es sei betont, daß die neue Disziplin nicht etwa auf fundamentalen neuentdeckten Naturgesetzen beruht, sondern eher auf einer konsequenten Anwendung bekannter physikalischer Gesetze. Viele Methoden, die die Theorie der Selbstorganisation betreffen, wurden von den Natur- und Technikwissenschaftlern bereits gepflegt und mit Erfolg angewendet. Aus einer Kombination der verschiedensten Methoden und aus einer Vereinheitlichung der Betrachtungsweisen sowie einer neuen Sicht auf alte Probleme haben sich jedoch fruchtbare Anregungen für die Bearbeitung von sehr komplexen Prozessen in Natur und Technik ergeben.

Der Begriff der Selbstorganisation soll folgendermaßen definiert werden: Unter Selbstorganisation verstehen wir einen irreversiblen Prozeß, der durch das kooperative Wirken von Teilsystemen zu komplexeren Strukturen des Gesamtsystems führt. Die Selbstorganisation ist der Elementarprozeß der Evolution, die als unbegrenzte Folge von Prozessen der Selbstorganisation verstanden wird. In diesem Sinne handelt es sich bei den Prozessen auf der Erde und im Kosmos in der Regel um Evolutionsprozesse, die nur im Zusammenhang mit ihrer Geschichte, d. h. der gesamten Kette der verursachenden Selbstorganisationsprozesse, verstanden werden können.

Nach unserer Auffassung bildet die Physik, insbesondere die Thermodynamik, den Rahmen für alles komplexe Geschehen, der von den jeweiligen spezifischen Gesetzmäßigkeiten nicht verlassen werden kann (eine analoge Auffassung wurde von Wilhelm Ostwald für die Biologie geäußert). Insbesondere schreibt die Thermodynamik der Selbstorganisation in Form lokaler Evolutionsprinzipien den Halbraum, d. h. das Möglichkeitsfeld der Entwicklung, vor. Aber auch im gesamtkosmischen Maßstab können Aussagen getroffen werden, z. B. über die Nichtexistenz eines thermodynamischen Gleichgewichts und über Bedingungen für die Selbstorganisation lebender Systeme.

Bei technischen Prozessen, aber auch bei den Vorgängen, die wir im Alltag und in der Natur beobachten, spielt Selbstorganisation eine große, zum Teil erwünschte, zum Teil aber auch unerwünschte Rolle. Geläufige Beispiele einer spontanen Strukturbildung sind:

- die Strömungszellen, die man bei erhitzten Flüssigkeitsschichten oder verdampfenden Flüssigkeitsoberflächen, z. B. bei verdampfendem Milchkaffee oder trocknendem Lack, beobachtet,
- die Strukturen in unserer Atmosphäre, wie Wolken, Zyklone usw.,
- die Strukturen des Strahlungsfeldes in einem LASER,
- die Selbsterregung von Schwingungen bei Reibungsprozessen, wie das Flattern von Flugzeugflügeln, das Quietschen der Bremsbeläge oder das Schaukeln eines Fahrzeugs beim Bremsen,
- Turbulenz bei der Umströmung von Luft- und Wasserfahrzeugen.

Die große Bedeutung des besseren Verständnisses und der Beherrschung solcher Prozesse ist evident. Bei den folgenden Betrachtungen soll nicht nur den Grundlagen, sondern auch den Anwendungen besondere Beachtung geschenkt werden.

Im folgenden Kapitel werden zunächst einige der obengenannten Beispiele näher betrachtet.

Prozesse der Selbstorganisation

Selbsterregte Schwingungen und Wellen

Wir leben in einer Welt, die von Schwingungen erfüllt ist. Unsere Augen, Ohren und Tastsinne empfangen ohne Unterlaß die verschiedensten Schwingungsformen. Viele dieser Schwingungsformen empfinden wir als eine unangenehme Störung. Das Knarren der Haustür, das Quietschen der Straßenbahn, das Flattern von Flugzeugflügeln, das Dröhnen eines Düsenjets beeinträchtigen unser Wohlbefinden. Andererseits können wir heute ohne Schwingungen nicht leben; Uhren, Radiowellen, Kolbenbewegungen und viele andere periodische Vorgänge spielen eine zentrale Rolle in Haushalt, Kommunikation, Transport und Produktion. Schließlich gehört es zu den Höhepunkten in unserem Dasein, im Konzertsaal den Klängen von Violinen, Flöten oder Orgelpfeifen zu lauschen.

Alle diese Prozesse sind Beispiele für Selbstorganisation. Es sind Schwingungen, die durch Selbsterregung entstehen. Sie benötigen eine Quelle hochwertiger Energie und können – solange der Energienachschub anhält – eine beliebige Lebensdauer haben. Im Gegensatz dazu klingen fremderregte Schwingungen, die durch Anstoß eines Schwingers entstanden sind, nach einiger Dauer ab.

Betrachten wir den Mechanismus der Selbsterregung von Schwingungen für den Fall der angestrichenen Geigensaite. In der Abb. 7 sind eine eingespannte Saite und die vorbeistreichende Bogensehne dargestellt. Die Newtonsche Bewegungsgleichung der Saite lautet:

$$m \frac{d v}{d t} + m \omega_0^2 v = R(v). \qquad (10)$$

Hierbei ist v die Saitengeschwindigkeit und R (v) die Kraft der als »trocken« angenommenen Reibung. Über die trockene Reibung

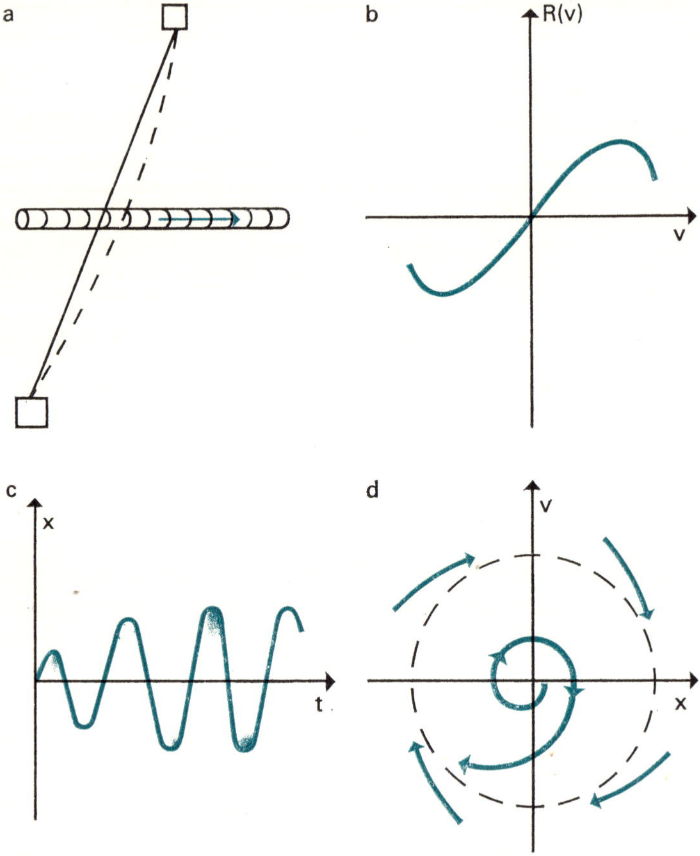

Abb. 7. Selbsterregte Schwingungen einer Geigensaite:
a) gespannte Saite und vorbeistreichender Bogen
b) Kennlinie der trockenen Reibung
c) sich aufschaukelnde Amplitude der Schwingung
d) Darstellung der Bewegung (Grenzzyklus) im Phasenraum

wird mechanische Energie eingespeist und dissipiert. Die Abhängigkeit der Reibungskraft R von der Relativgeschwindigkeit ist in der Kurve angegeben. Aus der Newtonschen Bewegungsgleichung folgt die Bilanzgleichung für die mechanische Energie E:

$$\frac{dE}{dt} = v\,R(v)\,. \qquad (11)$$

Bei näherer Beschäftigung mit den Formeln sieht man, daß die Schwingungsenergie und die Amplitude anwachsen und dann stationär werden. Das Bild der Trajektorie im Phasenraum ist eine auslaufende Spirale, die sich auf den sogenannten Grenzzyklus (das ist die stationäre Bahnkurve) aufwindet.

Selbsterregte Oszillationen treten nicht nur in mechanischen oder elektrischen, sondern auch in chemischen Systemen auf. Solche Oszillationen sind schon sehr lange bekannt. In einer Arbeit von Munck af Rosenschöld in Poggendorfs Annalen vom Jahrgang 1832 heißt es: »Eine kleine Flasche, welche etwas Phosphor enthielt, wurde eine Zeitlang als Feuerzeug gebraucht, ... ich bemerkte zufällig, daß sie dann und wann im Dunkeln ein ziemlich intensives Licht von sich gab. Dieses Phänomen machte mich aufmerksam und bald nahm ich wahr, daß sich das Leuchten ganz regelmäßig zu jeder siebenten Secunde wiederholte.« Früher hat man chemische Oszillationen mehr als Kuriositäten betrachtet. Heute sind sie ein wichtiges Gebiet der physikalischen Chemie.

Berühmt wurde die Reaktion von Boris Belousov und Anatoli Zhabotinsky, die einen großen Reichtum der Erscheinungen zeigt (Abb. 8 und 9). Sie ist eine Redoxreaktion, die zwischen einem Überschuß von Ce^{3+}-Ionen (sichtbar durch rote Farbe) und Ce^{4+}-

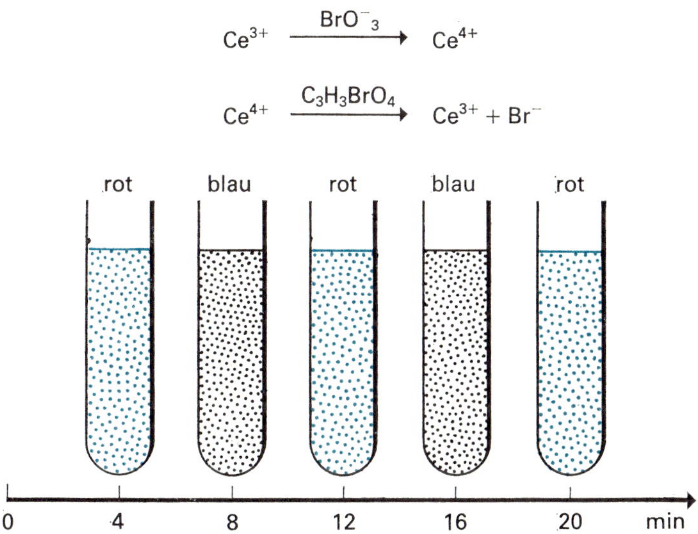

Abb. 8. Chemische Oszillationen bei der Belousov-Zhabotinsky-Reaktion

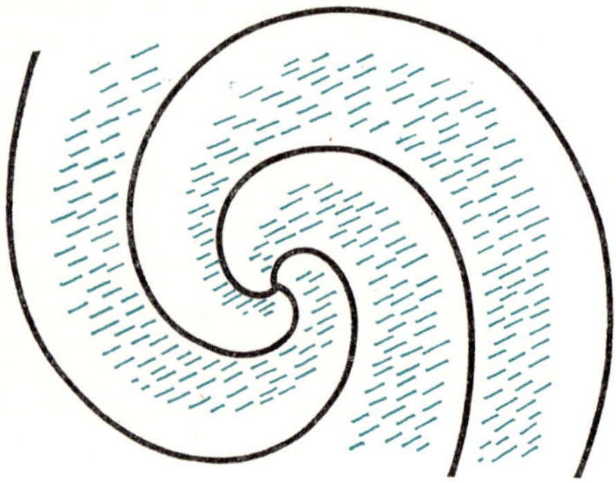

Abb. 9. Dreiarmige Spiralwellen bei BZ-Reaktionen (nach Krinsky)

Ionen (blaue Farbe) hin und her pendeln kann. Einige charakteristische Erscheinungen beim Ablauf dieser Reaktion sind:

a) Bei guter Durchmischung findet man ausgeprägte Oszillationen.
b) In einer flachen Petrischale beobachtet man das Entstehen von Zentren, die Wellen emittieren (Führungszentren).
c) Beim Übergang vom reduzierten zum oxydierten Zustand bilden sich mitunter räumliche Zellmuster aus.
d) Äußere Störungen der Wellenfront führen zu Spiralwellen (Abb. 9).

Mit der Entwicklung der Theorie der Selbstorganisation sind wichtige neue theoretische Konzeptionen entstanden. Dazu gehören besonders die Begriffe strukturelle Instabilität und kinetischer Phasenübergang. Wie die Betrachtung der Beispiele zeigt, erfolgen die Übergänge zwischen verschiedenen Regimen nicht allmählich, sondern plötzlich. Es handelt sich um echte qualitative Sprünge, die bei bestimmten kritischen Werten der Systemparameter auftreten. Im Übergangspunkt bezeichnet man die Systeme als strukturell instabil. Ein Beispiel ist der Übergang von gedämpften zu selbsterregten Oszillationen (Abb. 7).

Dissipative Strukturen

Nach einem Vorschlag von Ilya Prigogine (1969) bezeichnet man geordnete Strukturen des dargestellten Typs, die durch eine Diskontinuität, einen qualitativen Sprung (kinetischen Phasenübergang), vom thermodynamischen Gleichgewicht getrennt sind, als dissipative Strukturen. Spezialfälle sind die oben diskutierten Autoschwingungen und Autowellen. Wir werden in Verallgemeinerung dieser Termini mitunter auch den Ausdruck Autostrukturen verwenden.

Außer der dissipativen Selbstorganisation, die uns besonders interessiert, gibt es auch eine konservative Selbstorganisation – die reversible, ohne Energieverschleiß erfolgende Strukturbildung bei niedrigen Temperaturen.

Beispiele für konservative Selbstorganisation sind Kristalle und biologische Makromoleküle. Das Wirkprinzip dieser Strukturbildung beruht auf dem Boltzmannschen Verteilungsgesetz, das aussagt, daß bei tiefen Temperaturen vorzugsweise Strukturen mit geringem Energiegehalt realisiert werden. Der Bereich, in dem dieses Prinzip gilt, ist universell. Alle Stoffe bilden bei tiefen Temperaturen mehr oder weniger geordnete Strukturen aus.

Die dissipative Selbstorganisation ist an viel engere Bedingungen gebunden. Dennoch können wir ein ganzes Lexikon von Beispielen für dissipative Selbstorganisation zusammenstellen. Sie reichen vom Automotor über die sogenannte Benard-Zelle und den LASER bis zur lebenden Zelle.

Die dissipative Selbstorganisation beruht auf kooperativen Prozessen in nichtlinearen Systemen weitab vom Gleichgewicht. Sie wird durch einen Strom von Energie, die im Innern entwertet wird, angetrieben. Die Stabilität der Strukturen beruht auf einer Balance von Nichtlinearität und Dissipation, wobei die Nichtlinearität die Funktion der Verstärkung und Aufsteilung übernimmt und die Dissipation die Rolle ihrer Abflachung. Im dynamischen Gleichgewicht zwischen diesen beiden dialektisch entgegengesetzten Tendenzen können hochgeordnete räumliche, zeitliche oder raumzeitliche Strukturen ausgebildet werden. Die Bedingungen für eine dissipative Selbstorganisation sind sehr allgemein. Daher zeigen sehr verschiedenartige Systeme diese Erscheinungen, wenn sie nur genügend weit vom Gleichgewicht entfernt sind.

Der Begriff der Selbstorganisation ist eng mit dem der Ordnung verknüpft und dieser wiederum mit dem Entropiebegriff. Nach Ludwig Boltzmann ist Entropie ein Maß der molekularen »Unordnung«. Die Formel (k_B – Boltzmann-Konstante)

$$S = k_B \ln W \tag{12}$$

verknüpft die Entropie S mit der Anzahl der gleichwahrscheinlichen Realisierungsmöglichkeiten W. Für den Fall einer Zelleinteilung des Zustandsraums wurden die Berechnungsvorschrift und drei Beispiele für die Verteilung von acht Molekülen auf vier Zellen in der Abb. 10 angegeben. Intuitiv verknüpfen wir die rechte Verteilung

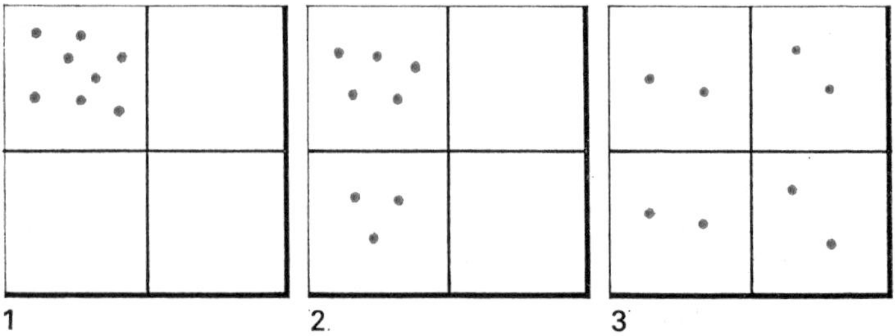

Abb. 10. Drei mögliche Verteilungen von acht Molekülen in einem System mit vier Zellen

mit der größten und die linke mit der geringsten molekularen Unordnung. Die Zahl der gleichwahrscheinlichen Zustände folgt für die Konfiguration in Abb. 10 aus der Boltzmann-Formel

$$W = \frac{N!}{N_1!\, N_2! \cdots N_S!}. \tag{13}$$

Daraus ergeben sich die drei Zahlen

$$W = 1, W = 56, W = 2520,$$

die uns anzeigen, daß in der Tat die Unordnung in Abb. 10 von links nach rechts zunimmt.

Eine Verallgemeinerung der Boltzmann-Formel ist die Entropieformel nach Shannon

$$s = -k_B \sum_{i=1}^{W} p_i \ln p_i\,. \tag{14}$$

Hierbei ist p_i die Wahrscheinlichkeit des i-ten Zustands. Für den Fall der Gleichwahrscheinlichkeit

$$p_i = 1/W, \quad i = 1, 2, \cdots W \tag{15}$$

ergibt sich wieder Boltzmanns Ausdruck (12).

Wie das Beispiel zeigt, hat unser Verständnis der molekularen Ordnung etwas mit der Gemischtheit der Zustände zu tun. Große molekulare Unordnung entspricht einer starken Mischung der Zustände. Eine mathematisch korrekte Formulierung des Begriffs der Gemischtheit wurde von Armin Uhlmann gegeben. Diese Konzeption ist für das Verständnis der molekularen Ordnung in klassischen Systemen und in Quantensystemen wesentlich. Allerdings erschöpft sich der Ordnungsbegriff nicht in der physikalischen Definition einer Unordnung bzw. Gemischtheit der molekularen Zustände; ein wesentlicher zusätzlicher Aspekt ist z. B. die Symmetrie, d. h. die Invarianz gegenüber gewissen Operationen.

Nach Prigogine besteht die Änderung der Entropie eines Systems aus dem Beitrag der Entropieproduktion im Innern und dem Beitrag des Austauschs mit der Umgebung. Nach dem zweiten Hauptsatz ist die Entropieproduktion niemals negativ. Entropie kann unter keinen Umständen vernichtet werden. Für isolierte Systeme, die keine Entropie austauschen, folgt daraus ein ständiges Wachstum der Entropie des Systems. Systeme, die Entropie austauschen, können ihre Entropie vergrößern (wenn die Produktion den Exportüberschuß übersteigt) oder vermindern (wenn der Exportüberschuß die Produktion übersteigt). Solche Systeme organisieren sich unter gewissen Bedingungen selbst. Dazu müssen sie so viel Entropie exportieren, daß ihre unvermeidliche Entropieproduktion kompensiert oder überkompensiert wird.

Die energetische Bilanz dagegen darf ausgeglichen sein. Import und Export halten sich in der Regel die Waage, aber nur quantitativ, nicht qualitativ. Da Entropie auch ein Maß für die Wertlosigkeit der Energie ist, muß hochwertige Energie, etwa elektrische Arbeit, energiereiche Stoffe, Wärme hoher Temperatur, importiert und geringwertige Energie, z. B. Wärme bei der Umgebungstemperatur, abgegeben werden. Dazu sind makroskopische Systeme, die aus vielen Teilsystemen bestehen, nur unter besonderen Bedingungen in der Lage. Die Prozesse im System müssen weitab vom thermodynamischen Gleichgewicht verlaufen und die Teilsysteme sich kooperativ verhalten. Große Entfernungen vom thermodynamischen Gleichgewicht und Kooperativität führen stets zur Nichtlinearität der dynamischen Gesetze des Systems. Nichtlinearität ist also eine notwendige Voraussetzung für Selbstorganisation.

Im nächsten Kapitel wird die hier begonnene Diskussion ausgebaut, und die Prinzipien der Selbstorganisation werden formuliert. Zunächst sollen aber noch weitere Beispiele folgen.

Strömungsstrukturen

An Wintertagen leiden die Bewohner großer Städte zuweilen unter Smog. Diese mitunter lästige, manchmal sogar bedrohliche Erscheinung tritt auf, wenn die Temperatur der Luftschichten mit der Höhe zunimmt. Eine derartige Konstellation wird von den Meteorologen als Inversion bezeichnet. Da wärmere Luftschichten eine geringere Dichte haben, sind Inversionen sehr stabil, die Luftsäule

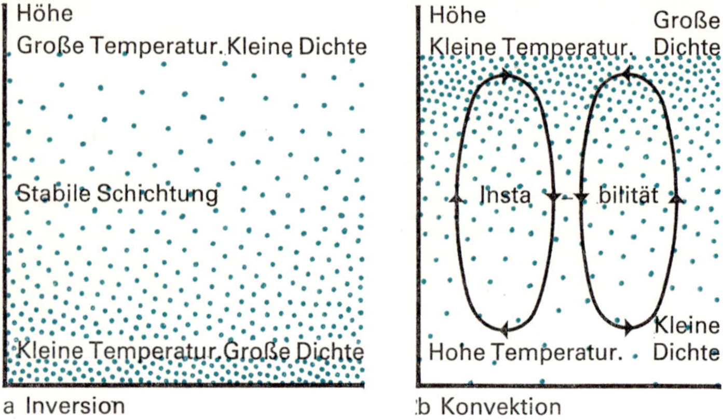

Abb. 11. Stabile und instabile Luftschichtungen:
a) die für Smogsituationen typische Inversion
b) Konvektion bei normalen Situationen

über der Stadt befindet sich nahezu im thermodynamischen Gleichgewicht, und folglich treten kaum Strömungen auf (Abb. 11 a). Glücklicherweise ist diese Inversionsschichtung der Luft relativ selten.

Unter normalen Bedingungen sind die Luftschichten in der Nähe der Erdoberfläche stärker erwärmt, und die Temperatur fällt mit dem Abstand von der Erdoberfläche. Infolgedessen wächst die Luftdichte mit der Höhe. Eine solche Schichtung ist nicht im thermodynamischen Gleichgewicht, sondern instabil. Kleine Dichteschwankungen schaukeln sich auf, weil die wärmere Luft aufsteigt und die kältere Luft absinkt. Auf diese Weise entstehen großräumige Konvektionszellen, die die Luft gut durchmischen (Abb. 11 b). Durch Selbstorganisation der Luftschichten über der Stadt entstehen Strömungen, die verunreinigte Luft abtransportieren und Frischluft herbeiführen. Die Pumpe für diese Selbstorganisation ist einerseits die Erwärmung der Erdoberfläche durch Sonnenstrahlung und Wärmeleitung vom Erdinnern, aber es ist auch in beträchtlichem Maße die Wärmeerzeugung durch die Stadt mit ihren vielfältigen Einrichtungen. Jedermann, der einmal unter Smog gelitten hat, wird einräumen, daß eine solche Art der Selbstorganisation der Luftschichten, die Frischluft heranführt, sehr willkommen ist. Selbstorganisation spielt eine wichtige Rolle in der Natur, speziell auch für unsere Umwelt.

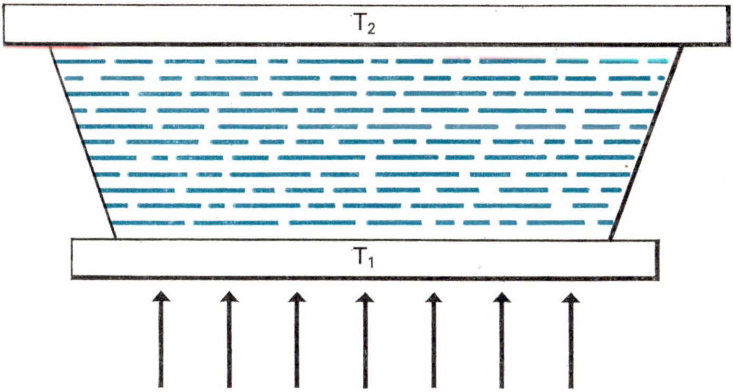

Abb. 12. Inversion der Temperaturverteilung ($T_1 > T_2$) beim Benard-Effekt in von unten erhitzten Flüssigkeitsschichten

Vorgänge in der Atmosphäre sind sehr komplex und schwer reproduzierbar. Man kann aber Konvektionszellen auch in Flüssigkeiten finden und dort genau studieren. Benard hat um 1900 eine sorgfältige Untersuchung der Konvektionszellen in Flüssigkeitsschichten, die von unten erhitzt werden, vorgenommen. Betrachten wir als Beispiel die Strömungen in einer oben abgedeckten Pfanne, die z. B. mit Silikonöl gefüllt ist (Abb. 12). Durch Erhitzung wird an der Grundfläche eine höhere Temperatur als an der Abdeckung erzeugt: $T_1 > T_2$. Für kleine Werte der Temperaturdifferenz (des Temperaturgradienten) beobachtet man keine Konvektion, sondern nur Wärmeleitung. Überschreitet die Temperaturdifferenz einen kritischen Wert

$$\Delta T = (T_1 - T_2) > \Delta T_{krit}, \tag{16}$$

setzt in der Flüssigkeit Selbstorganisation ein. Die Ursache dafür ist eine nach Lord John W. Rayleigh benannte Instabilität; sie beruht darauf, daß die Schwerkraft zu einer Umverteilung der leichteren Flüssigkeitsschichten (unten) und der schwereren Flüssigkeitsschichten (oben) tendiert. Für überkritische Werte des Gradienten der Temperatur setzt plötzlich Konvektion ein, und es bilden sich regelmäßig geformte Strömungszellen aus (Abb. 13). Gleichzeitig steigt der Wärmestromanteil an (Abb. 14).

Noch leichter ist eine Strömungsstabilität zu beobachten, die nach Marangoni benannt wurde. Sie tritt an Phasengrenzen auf, durch die ein Wärmestrom (oder ein Diffusionsstrom) hindurchtritt.

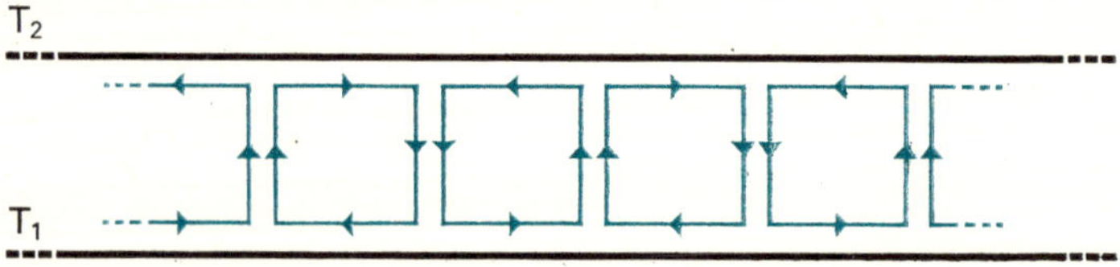

Abb. 13. Typische Konvektionszellen, die beim Benard-Effekt auftreten

Eine solche Situation liegt vor, wenn die Wärme aus kochend heißem Milchkaffee an die darüberliegende kühlere Luft abgegeben wird und Flüssigkeit dabei verdampft. An der Oberfläche des Kaffees beobachtet man Konvektionszellen in schönen geometrischen Formen.

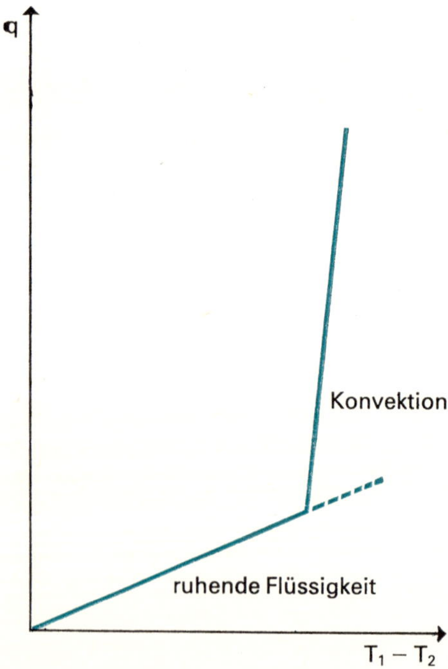

Abb. 14. Erhöhung des Wärmeflusses q beim Einsetzen der Konvektionsphase (Ausbildung von Benard-Zellen)

Chaotische Dynamik und Turbulenz

Im vorangehenden Abschnitt haben wir eine Reihe eindrucksvoller hydrodynamischer Strukturen kennengelernt, z. B. die schönen Konvektionszellen, die durch Benard- oder Marangoni-Instabilitäten ausgelöst werden. Ein genaueres Studium dieser Konvektionszellen zeigt, daß mit wachsender Triebkraft, d. h. mit steigendem Abstand vom Gleichgewicht, ganze Serien von Instabilitäten mit nachfolgendem Übergang zu neuen Strukturen durchlaufen werden können (Abb. 15). Ein Beispiel dafür sind die Strömungsfiguren, die bei der Umströmung eines Zylinders beobachtet werden. Wir können dabei z. B. an einen Brückenpfeiler in einem Fluß denken. In Abhängigkeit vom Wert der dimensionslosen Reynolds-Zahl

$$\mathrm{Re} = \frac{u\,d}{\nu} \qquad (17)$$

(u – Strömungsgeschwindigkeit, d – Durchmesser des Pfeilers, ν – kinematische Viskosität) beobachten wir verschiedene Bilder (Abb. 16). Die Folge der Selbstorganisation durch Instabilitäten geht vom Zustand stationärer Zellen über oszillierende Zellen bis zur Turbulenz.

Seit der grundlegenden Arbeit von Hermann v. Helmholtz »Über Integrale der hydrodynamischen Gleichungen, welche den Wirbelbewegungen entsprechen«, erschienen 1858, haben sich die berühmtesten theoretischen Physiker, darunter Sommerfeld, Taylor, Heisenberg, Weizsäcker, Lamb, Landau, Prandtl, Karman, um eine Klärung dieses Phänomens bemüht. Licht in die ganze Angelegenheit brachten besonders zwei Erkenntnisse:

- Turbulenz ist eine strukturierte Form der Flüssigkeitsbewegung. Es besteht eine enge Beziehung zwischen Selbstorganisation und Turbulenz. Turbulente Strukturen sind spezielle Formen der Selbstorganisation.
- Die Besonderheiten turbulenter Strukturen haben etwas mit einer speziellen Bewegungsform zu tun, die heute als chaotische Dynamik bezeichnet wird.

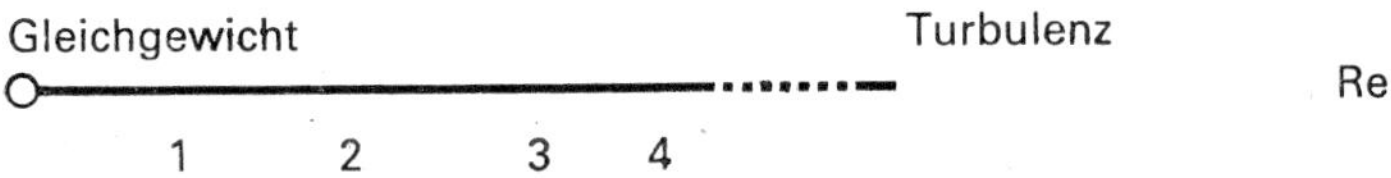

Abb. 15. Mit steigender Reynoldszahl können bei Strömungen verschiedene kinetische Übergänge auftreten, bis es schließlich zur Turbulenz kommt.

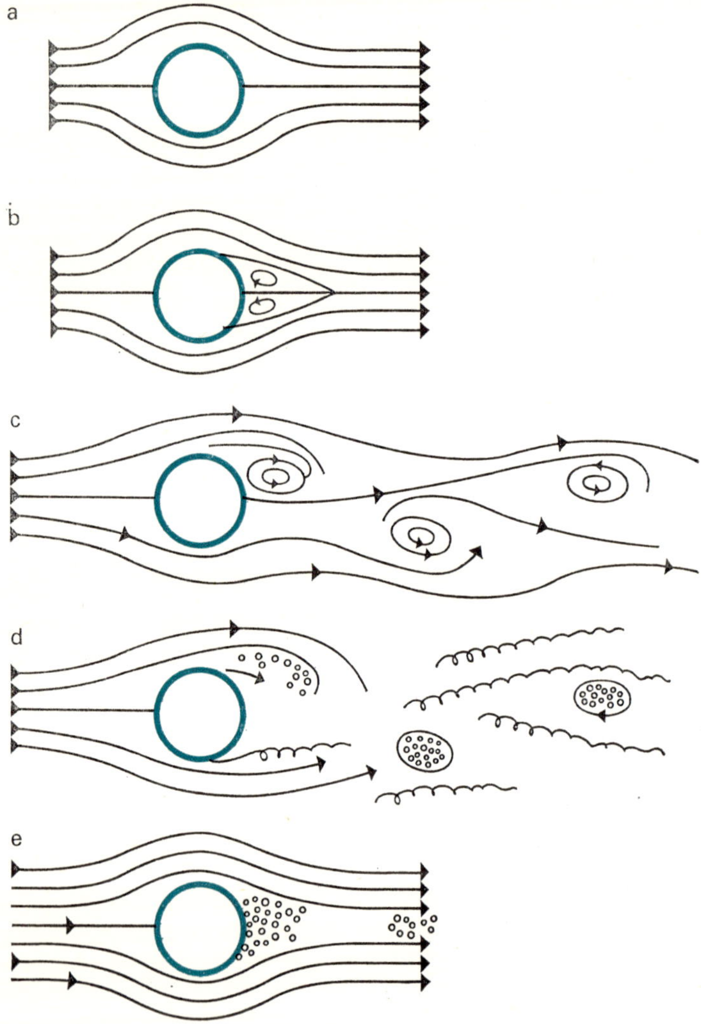

Abb. 16. Folge qualitativ verschiedener Strömungsbilder, die mit steigender Reynoldszahl bei der Umströmung von Pfählen beobachtet wird: a) Re = 0,01, b) Re = 20, c) Re = 100, d) Re = 10 000, e) Re = 100 000

Um die neuen Ideen wenigstens qualitativ verständlich zu machen, soll eine grundlegende Arbeit erläutert werden, die der amerikanische Meteorologe Edward Lorenz 1963 publiziert hat. Diese Arbeit beschäftigt sich mit dem Problem einer zuverlässigen langfristigen Wettervorhersage und trägt den Titel »Deterministische nichtperiodische Strömungen«. Lorenz ging davon aus, daß Wettervorgänge durch die Navier-Stokes-Gleichungen für Strömungsprozesse und die Fourier-Gleichung für Wärmeleitungsprozesse beschrieben werden können. Diese insgesamt vier partiellen Differentialgleichungen approximierte Lorenz durch drei gewöhnliche Differentialgleichungen

$$\frac{dx}{dt} = \sigma y - \sigma x,$$

$$\frac{dy}{dt} = ax - y - xz, \qquad (18)$$

$$\frac{dz}{dt} = xy - \frac{8}{3} z.$$

Hierbei beschreiben die Variablen x, y und z drei relevante Amplituden des Geschwindigkeits- und Temperaturfeldes. Der Parameter a ist ein Maß für die Stärke des Temperaturgefälles mit der Höhe, und σ ist die sogenannte Prandtl-Zahl der Strömung. Beide Parameter sind Maße für die Abweichung vom Zustand des Gleichgewichts. Die Nichtlinearität der Navier-Stokes-Gleichungen zeichnet für die beiden Terme xy und (−xz) verantwortlich.

Das Gleichungssystem (18) wurde von Lorenz numerisch gelöst. Die Lösungen wurden geometrisch als Trajektorien in einem dreidimensionalen Raum dargestellt. Die erste Entdeckung von Lorenz war folgende: Trajektorien, die von beliebigen Anfangszuständen ausgehen, werden auf einer Menge gesammelt, die wie eine Doppelspirale bzw. wie ein Schmetterlingsflügel aussieht (Abb. 17). Später hat man solche anziehenden Mengen nach einem Vorschlag der französischen Forscher Ruelle und Takens seltsame Attraktoren genannt.

Lorenz' zweite Entdeckung war: Wenn zwei Trajektorien auf benachbarten Punkten der Attraktormenge starten, laufen sie ziemlich schnell auseinander. Man sagt, daß die Trajektorien instabil (im Sinne von Lyapunov) gegenüber kleinen Verschiebungen sind. Die Trajektorien schließen sich auch nicht wieder, d. h., die Bewegung ist nichtperiodisch. In Abb. 17 ist deutlich zu sehen, wie eine

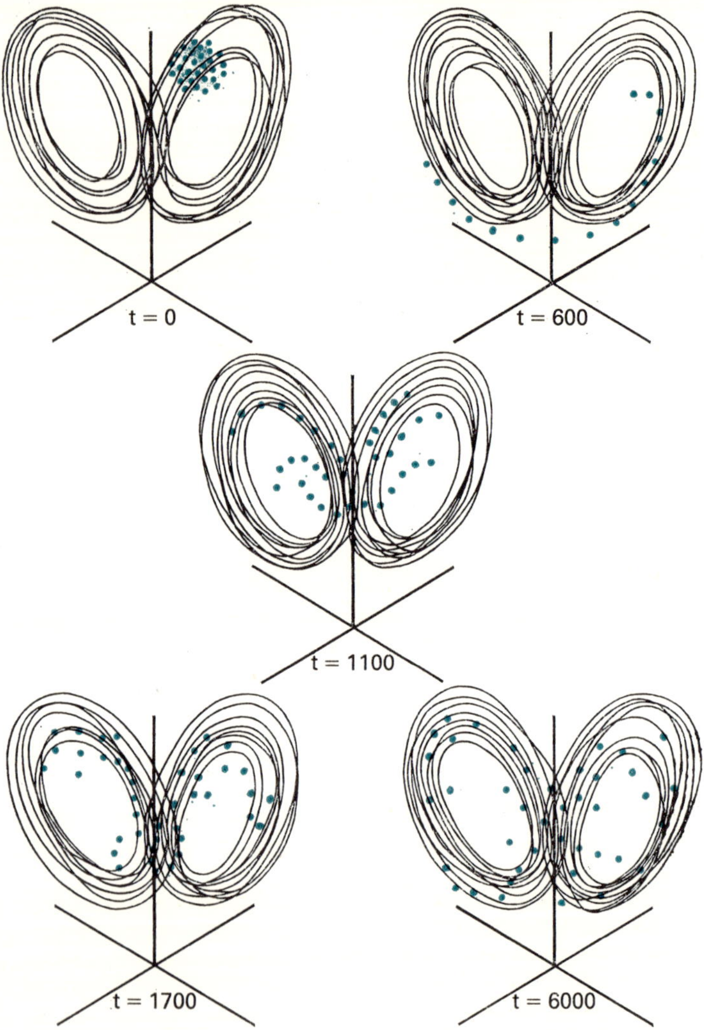

Abb. 17. Trajektorienbilder des Lorenz-Systems und das zeitliche Verhalten einer anfangs zusammenliegenden Gruppe von Startpunkten

Menge von Anfangspunkten sich nach einer gewissen Zeit über den ganzen Attraktor ausbreitet. Trajektorien, die einmal den Attraktor erreicht haben, können ihn nicht mehr verlassen.

Hinter dem Begriff Attraktor, der oben stillschweigend eingeführt wurde, verbirgt sich nichts Geheimnisvolles. Es wird nur die einfache Tatsache ausgedrückt, daß die Trajektorien von einem bestimmten geometrischen Gebilde, der sogenannten Attraktormenge, irreversibel angezogen werden. In diesem Sinne ist die Erde ein Attraktor für die Bewegung von Steinen, Flugkörpern, Kometen usw., der Ozean ein Attraktor für die Bewegung der Bäche und Flüsse. Die Eigenschaft »seltsam« bezeichnet eine besondere dynamische Struktur des Attraktors. Wenn man die Abb. 17 betrachtet, erkennt man, daß die Bewegung auf dem Attraktor niemals zur Ruhe kommt. Weiterhin erkennt man, daß zwei anfänglich benachbarte Punkte im Laufe der Zeit ganz verschiedene Entwicklungen nehmen können. Hieraus resultieren prinzipielle Grenzen für die Vorhersagbarkeit von Bewegungen. Wenn die zukünftige Entwicklung eines dynamischen Systems sehr empfindlich von der genauen Lage der Anfangsbedingungen abhängt, deren Feststellung ja stets mit Unsicherheiten behaftet ist, kann man nur für begrenzte Zeiten gute Vorhersagen machen. Wahrscheinlich sind die Wetterprozesse gerade von diesem Typ.

Die dritte Entdeckung von Lorenz war schließlich, daß die Attraktormenge eine recht komplizierte Struktur besitzt. Nach einem Vorschlag des amerikanischen Mathematikers Benoit B. Mandelbrot hat man derartige Objekte, die recht häufig in der Natur vorkommen, später Fraktale genannt. Eine charakteristische Eigenschaft von fraktalen Strukturen ist die Selbstähnlichkeit. Die Abb. 18 zeigt einen Ausschnitt eines seltsamen Attraktors und drei Ausschnittvergrößerungen. Jede Vergrößerung zeigt Strukturen, die immer feiner werden, aber eine gewisse Ähnlichkeit zeigen. Dieser Prozeß der Ausschnittvergrößerung kann ad infinitum fortgesetzt werden; der Strukturreichtum der Fraktale ist unerschöpflich. Fraktale Strukturen sind, vom ästhetischen Standpunkt her gesehen, außerordentlich reizvoll, wie z. B. Peitgen und Richter mit Hilfe moderner farbiger Computergraphik sehr eindrucksvoll gezeigt haben.

Das wichtigste Resultat der Untersuchungen von Lorenz, das inzwischen durch eine große Zahl von Arbeiten erhärtet wurde, ist der Nachweis eines neuen Typs chaotischer Bewegungen. Man benutzt dafür heute die Bezeichnung »deterministisches Chaos«, da die Grundgleichungen (18) eine volle Determination der Lösung liefern. Wenn man die Anfangsbedingungen als mathemati-

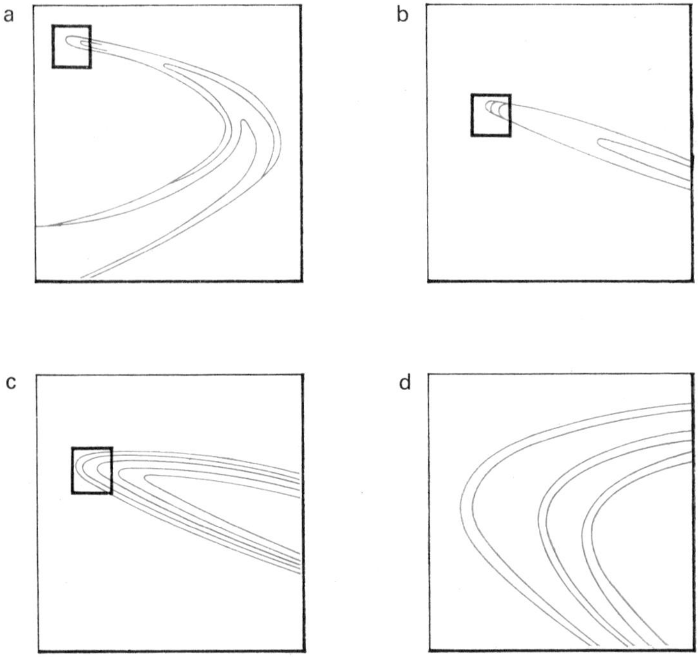

Abb. 18. Die fraktale Struktur eines seltsamen Attraktors, gezeigt an Ausschnitten

schen Punkt vorgeben könnte, wären alle zukünftigen exakt berechenbar. In Wirklichkeit sind jedoch die Anfangszustände nur näherungsweise bekannt, und reale Computer arbeiten nur mit endlicher Genauigkeit. Daraus folgen prinzipielle Grenzen für die Vorhersagbarkeit des zukünftigen Verlaufs chaotischer Prozesse.

Die Bedeutung solcher Aussagen für das Problem der langfristigen Wetterprognose, dessen Lösung Lorenz anstrebte, muß dem Leser sicher nicht genauer erklärt werden. Der Wert von Lorenz' Arbeiten geht jedoch weit darüber hinaus. Wie eine Flut von Beiträgen in den letzten Jahren gezeigt hat, öffneten die Untersuchungen von Lorenz, Ruelle, Takens, Feigenbaum, Grossmann und anderen Forschern das Tor zu einer neuen Richtung in den Naturwissenschaften. Für die Zielstellung dieses Buches ist von besonderer Bedeutung, daß von Lorenz und seinen Nachfolgern eine neue Form des Chaos entdeckt wurde.

Wir halten fest, daß es außer dem molekularen (thermischen)

Chaos noch eine andere Form gibt, das sogenannte deterministische Chaos. Es gibt die begründete Hoffnung, daß die Fortschritte bei der Erforschung des deterministischen Chaos entscheidend zur Lösung des zur Zeit noch offenen Problems der Turbulenz beitragen werden. Gestützt auf die Erfolge der Chaosforschung, sind in letzter Zeit große Fortschritte in der theoretischen und experimentellen Untersuchung turbulenter Prozesse erzielt worden.

Am Schluß dieses Abschnitts soll noch auf einige wesentliche Unterschiede zwischen dem molekularen Chaos und dem turbulenten Chaos hingewiesen werden. Das molekulare Chaos ist ein Phänomen auf der mikroskopischen Ebene; es präsentiert sozusagen die echte Unordnung.

Das turbulente Chaos ist ein makroskopisches Phänomen; es stellt eine besondere Form der Ordnung bzw. Selbstorganisation dar. Wir müssen uns nur vor Augen halten, daß bei turbulenten Prozessen in der Atmosphäre oder in Stromschnellen Milliarden von Molekülen sich im Mittel parallel bewegen müssen, um die charakteristischen Wirbelstrukturen zu erzeugen. Wenn wir etwa feine Goldblättchen oder Plastekügelchen mit der Strömung aufschwemmen, können wir die schöne Ordnung dieser Bewegung deutlich verfolgen. Das einzelne Molekül ist an dieser geordneten Bewegung nur im Mittel beteiligt, denn es ist ja noch der stochastischen thermischen Bewegung unterworfen. Andererseits entsteht auch der Eindruck völliger Unordnung, wenn wir aus einiger Entfernung und mit »grober Optik« auf eine turbulente Bewegung schauen. Wenn unsere »grobe Optik« die Bewegung der Einzelwirbel nicht mehr auflöst, erscheint uns eine Stromschnelle als ein ganz ungeordneter dynamischer Zustand des strömenden Wassers. In Wirklichkeit, wie wir bei genauerer Untersuchung feststellen, handelt es sich um ein äußerst komplexes, aber harmonisches Zusammenspiel der Elemente der Strömung. Dieses Zusammenspiel ist eine Folge von Selbstorganisation; es gibt ja niemanden, der die Elemente der Strömung auf ihrem verschlungenen Weg durch eine Stromschnelle lenkt.

Turbulente Bewegungen oder, allgemeiner gesagt, makroskopische chaotische Dynamik wird heute als eine besondere spezifische Form der Selbstorganisation verstanden.

Prinzipien der Selbstorganisation

Die zwei Seiten unserer Welt

In den beiden ersten Kapiteln haben wir anhand von Beispielen gezeigt, daß Ordnung spontan aus Chaos entstehen kann. Fassen wir unsere bisherigen Erkenntnisse zusammen und ziehen Schlußfolgerungen:

1) Heiße Gase bzw. Plasmen, die aus stofflichen Teilchen und Photonen bestehen, strukturieren sich unter der Wirkung der anziehenden Gravitation von selbst. Gravitationsinstabilitäten führen zu großen lokalen Inhomogenitäten von Stoffdichte und Temperatur. Es bilden sich »Inseln der Ordnung« im »See der thermischen Unordnung« aus.

2) Die Existenz von starken Gradienten löst Wärme- und Stoffströme aus, die über Instabilitäten ganze Ketten von Prozessen der Selbstorganisation und Evolution antreiben. Die »Inseln der Ordnung« strukturieren sich immer weiter und zeigen eine Fülle sich verzweigender Prozesse der Selbstorganisation.

3) Die Instabilitäten chemisch reagierender Systeme sind besonders reichhaltig. Sie führen zu selbsterregten Schwingungen, Wellen und räumlichen Strukturen.

4) Außerordentliche Vielfalt zeigen auch die Strömungsstrukturen, die durch hydrodynamische Instabilitäten ausgelöst werden. Sie führen zu Konvektionszellen und anderen Strömungsformen.

5) Chaotische Bewegungen und Turbulenz sind besondere Formen der Selbstorganisation. Auch diese Formen sind strukturiert und folgen gewissen Regeln.

Das Überdenken dieser fünf Punkte bringt uns zu der wichtigen Einsicht, daß Ordnung und Chaos zwei Seiten unserer Welt sind, die in einem dynamischen Zusammenhang stehen. Chaos kann sich in Ordnung umwandeln und Ordnung in Chaos. Der zweite Hauptsatz, der das Ganze regelt, erlaubt sowohl das eine wie das andere (Abb. 19).

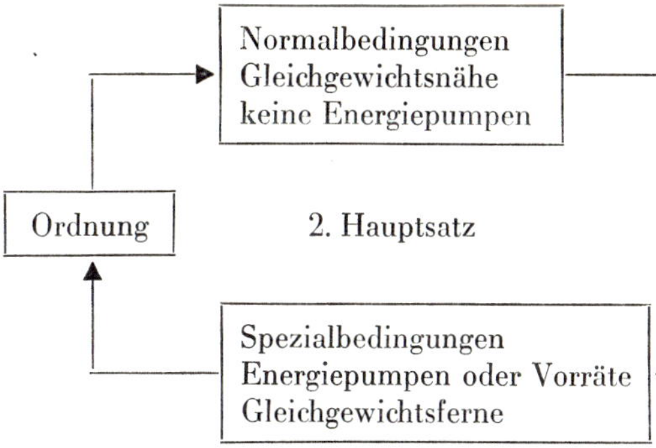

Abb. 19. Dynamischer Zusammenhang von Ordnung und Chaos

Allerdings ist, wie man sieht, die Beziehung asymmetrisch: Ordnung kann nur unter genau definierten speziellen Bedingungen entstehen. Es wird das Anliegen des folgenden Abschnitts sein, diese Bedingungen zumindest verbal etwas genauer zu charakterisieren.

Formulierung von Arbeitsprinzipien

Die Grundzüge der Determiniertheit selbstorganisierender Systeme sollen hier in Form von Arbeitsprinzipien gefaßt werden. Wegen des noch nicht ausgereiften Charakters der Disziplin enthalten diese Arbeitsprinzipien noch Elemente des Vorläufigen:

1) Prinzip vom Entropieexport (Pumpprinzip):

Die Entropie ist für alle makroskopischen Systeme eine Grundgröße, sie ist ein Maßstab für den Wert der im System enthaltenen Energie und gleichzeitig ein Maß für die Unordnung der Teilchen, die das System aufbauen. Selbstorganisation ist nur möglich, wenn das System Entropie exportieren kann (Abb. 20). Da Entropie ein Maß für den Wert von Energie ist, kann ein System genau dann Entropie exportieren, wenn ihm hochwertige Energie (Wärme hoher Temperatur, Elektrizität, mechanische Arbeit) zugeführt und geringwertige Energie (Wärme geringer Temperatur, chemische Bindungsenergie) entzogen wird.

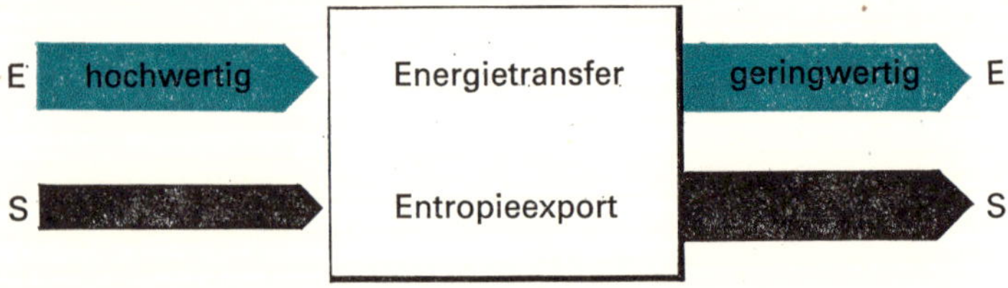

Abb. 20. Eine Vorbedingung für Selbstorganisation ist Entropieexport, d. h., höherwertige Energie wird eingeführt, geringwertige ausgeführt.

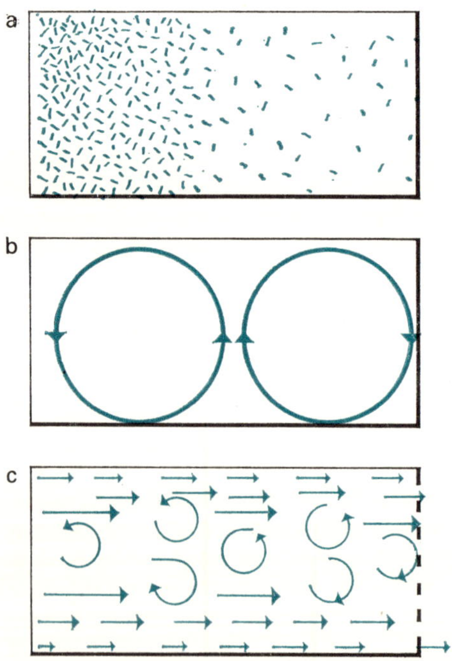

Abb. 21. Bei der Selbstorganisation wird ein Teil der zugeführten Energie im Innern des Systems in spezifische hochwertige Formen umgesetzt:

a) Konzentrationsdifferenzenergie bei chemischen dissipativen Strukturen, b) Energie der Konvektion beim Benard-Effekt, c) Energie der Wirbelbewegung in turbulenten Strömungen

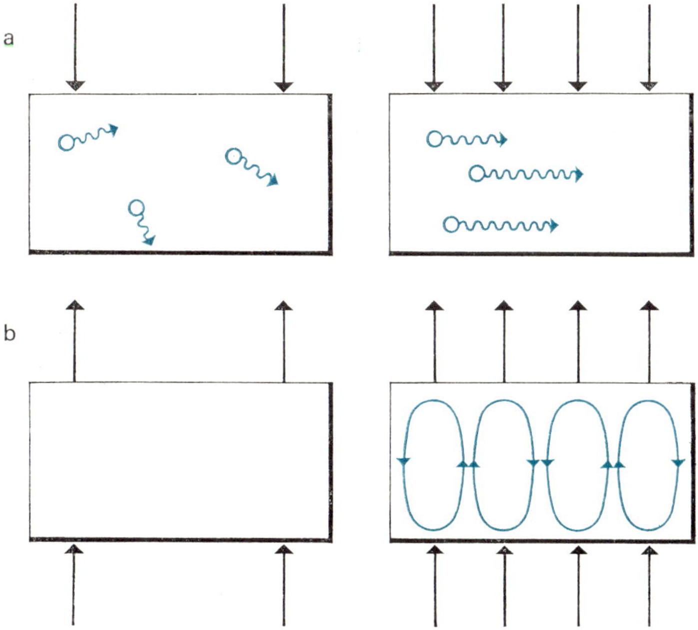

Abb. 22. Bei überkritischen Abständen vom Gleichgewicht treten kohärente Bewegungen auf: a) Bei überkritischen Pumpraten des Lasers entsteht kohärente Strahlung. b) Bei überkritischen Temperaturgradienten in Flüssigkeiten entstehen Konvektionszellen.

2) Prinzip der Energietransformation:

Selbstorganisierende Systeme sind durch Ketten von Energieumwandlungen charakterisiert. Der Aufbau geordneter Strukturen ist mit hochwertigen Energieformen verknüpft (Abb. 21). Ein Teil der zugeführten Energie wird im Innern stets in eine spezifische hochwertige Form umgesetzt (Strömungsenergie, Konzentrationsdifferenzen, Spannungen usw.).

3) Prinzip der überkritischen Distanz:

Selbstorganisation ist nur möglich, wenn der Abstand des Systems vom Gleichgewicht gewisse kritische Werte überschreitet. Sie tritt nur bei Gleichgewichtsferne auf, ihr Auftreten ist mit diskreten Übergängen verknüpft (Abb. 22 und 23).

Abb. 23. Selbstorganisation erfordert Gleichgewichtsferne, d. h. das Überschreiten einer kritischen Distanz vom thermodynamischen Gleichgewicht.

4) Prinzip der Nichtlinearität und Rückkopplung:

Selbstorganisation erfordert eine nichtlineare Dynamik des Systems, die in der Regel durch Rückkopplungseffekte bedingt ist (Abb. 24). Besonders reichhaltig ist die Skala der Nichtlinearitäten bei chemischen Reaktionen und bei hydrodynamischen Prozessen.

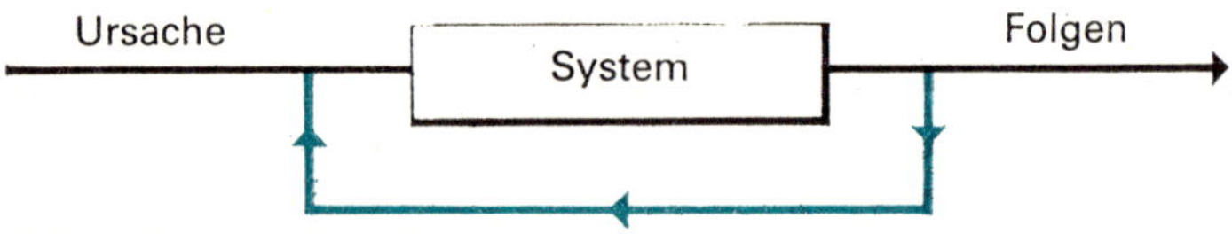

Abb. 24. Nichtlineare Effekte sind häufig Resultate von Rückkopplungen der Folgen auf die Ursachen.

5) Verstärkungsprinzip:

Im Übergangsgebiet zwischen verschiedenen Strukturformen treten starke Schwankungen auf. Jenseits der kritischen Parameter werden bestimmte Moden der Fluktuationen verstärkt, die Keime der neuen Strukturen darstellen (Abb. 25).

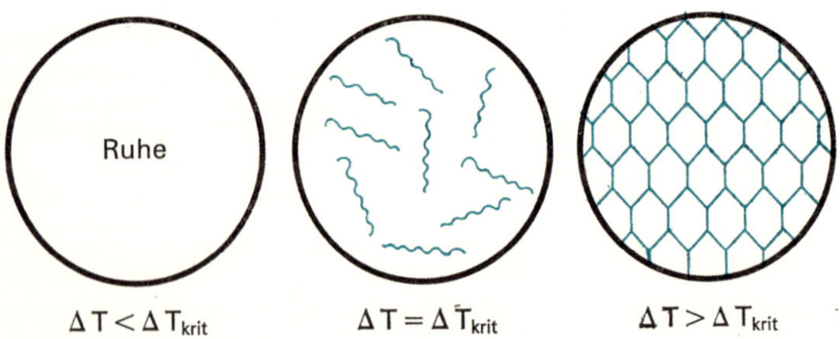

Abb. 25. In der Nähe des kritischen Wertes treten starke Fluktuationen auf; hier gezeigt am Beispiel des Benard-Effekts.

6) Prinzip der inneren Bedingtheit:

Die durch Selbstorganisation entstandenen Strukturen sind in der Regel nicht durch die Randwerte, sondern in erster Linie durch innere Faktoren bedingt.

7) Prinzip der Symmetriebrechung:

Die durch die Selbstorganisation hervorgegangenen Strukturen entstehen in der Regel durch Brechung einer Symmetrie. Die real auftretenden Strukturen haben eine geringere Symmetrie als die Grundgesetze, sie sind ein Ausschnitt der möglichen Strukturen. Fast alle elementaren Symmetrien sind in der Realität gebrochen.

8) Prinzip der Ordnungsparameter (Haken-Prinzip):

Es existieren in der Regel spezielle Bewegungen (Moden), die alle Teilbewegungen koordinieren. Die Aktion der mikroskopischen Teilsysteme (Moleküle, Lichtwellen usw.) wird durch die Ordnungsparameter synchronisiert (Abb. 26).

a b

Abb. 26. Die Bewegung der Teilsysteme:

a) Moleküle in Flüssigkeiten, b) Lichtwellen im Laser werden durch sogenannte Ordnungsparameter synchronisiert. a) die Zellströmung, b) die Resonanzwelle

9) Stabilitätsprinzip:

Selbstorganisierende Systeme sind relativ stabil gegenüber kleinen Störungen. Große Störungen sind eine Gefahr für das System, wegen der Existenz kritischer Werte können sie zum Zusammenbruch der ganzen Struktur führen.

10) Prinzip der Phasenübergänge:

Prozesse der Selbstorganisation bestehen häufig aus Folgen von kinetischen Übergängen, die mit steigender Abweichung vom Gleichgewicht bei bestimmten kritischen Parameterwerten auftreten. Es existieren Analogien zu den Gleichgewichtsphasenübergängen (Abb. 27).

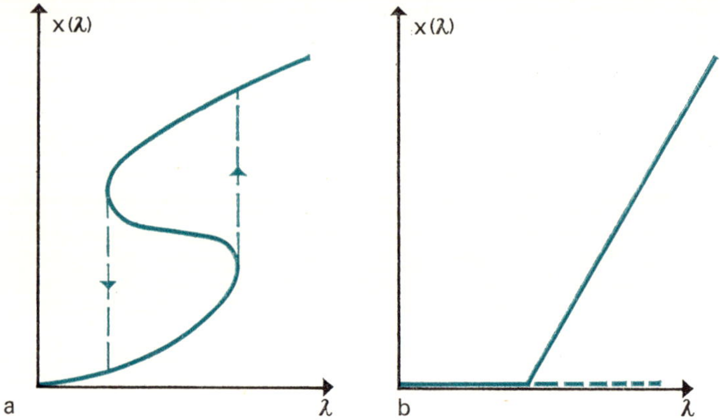

Abb. 27. Es bestehen Analogien zwischen kinetischen Übergängen und thermodynamischen Phasenübergängen: a) Analogon zu Phasenübergängen 1. Art, b) Analogon zu Phasenübergängen 2. Art.

11) Prinzip der Historizität:

Alle Strukturen in der Realwelt, die durch Evolution entstanden sind, können letztlich nur durch eine Synthese der zugrunde liegenden Gesetze und der konkreten Entstehungsgeschichte verstanden werden. Das Kernstück der Chemie ist die Entstehung der chemischen Elemente in Frühstadien der kosmischen Entwicklung; die Häufigkeiten der Elemente sind durch die Geschichte des Kosmos bedingt. Das Kernstück der Biologie ist die Darwinsche Lehre, die als Entwicklungstheorie des Lebens zu verstehen ist. Ebenso ist das Kernstück der Gesellschaftswissenschaften die Geschichte der Gesellschaftsordnungen.

Ohne ins Detail zu gehen, wollen wir noch kurz die wichtigsten Methoden der Theorie der Selbstorganisation nennen. Die vier Hauptmethoden der Theorie sind:

1. Die Thermodynamik irreversibler Prozesse. Sie beschreibt die globalen und lokalen Bilanzen der Energie, Entropie, des Impulses und der Stoffmengen.

2. Die nichtlineare Dynamik der Ordnungsparameter, die sich mit der Aufstellung und Lösung von nichtlinearen gewöhnlichen und partiellen Differentialgleichungen für die charakteristischen Größen der Prozesse, die Ordnungsparameter, befaßt. Von wesentlicher Bedeutung für die Auswahl dieser Ordnungsparameter ist die Existenz geschlossener kausaler Zusammenhänge zwischen dem

Wert des Ordnungsparameters zur Zeit t_0 und seinem Wert zu einer späteren Zeit $t > t_0$, d. h.:

$$x(t_0) \rightarrow x(t).$$

3. Die stochastische Theorie, die ebenfalls mit den makroskopischen Ordnungsparametern x(t) arbeitet, diese jedoch als fluktuierende Größen betrachtet und die Existenz einer Wahrscheinlichkeitsverteilung P(x, t) und einer Gleichung für diese Größe (Master-Gleichung) postuliert.

4. Die statistische Theorie, die mit Wahrscheinlichkeitsverteilungen für den mikroskopischen Zustand des Systems arbeitet.

Welche von den geschilderten Methoden für die Behandlung des vorliegenden Problems am geeignetsten ist, muß von Fall zu Fall entschieden werden. Die Methode der statistischen Theorie wird bei Problemen der Selbstorganisation nur in Sonderfällen eingesetzt, da sie die komplizierteste und informationsreichste unter den vier Methoden ist. Die am häufigsten verwendete Methode ist die an zweiter Stelle genannte, in deren Zentrum Stabilitätsuntersuchungen stehen. Selbstorganisation wird in der Regel durch eine Instabilität der »alten« Struktur gegenüber kleinen Schwankungen eingeleitet. Aus diesem Grunde ist das Studium der in nichtlinearen Systemen auftretenden Instabilitäten von hohem Interesse.

Die thermodynamische Bedingung für Selbstorganisation ist der Entropieexport. Nur solche Systeme, die sich von der im Innern durch irreversible Prozesse erzeugten Entropie befreien können, sind potentiell zur Selbstorganisation in der Lage. In diesem Sinne kann der Entropieexport als Triebkraft von Selbstorganisationsprozessen aufgefaßt werden. Selbstorganisation steht nicht im Widerspruch zum zweiten Hauptsatz der Thermodynamik.

Zur technischen Nutzung von Prozessen der Selbstorganisation

Energie-, Material- und Bauelementeprobleme

Dissipative Strukturen, wie sie durch Selbstorganisation in physikalischen, chemischen oder biologischen Systemen entstehen, weisen bestimmte Charakteristika bezüglich der Verhältnisse von Energiezufuhr, Energiespeicherung und Wärmeproduktion auf. Hier eröffnen sich vielfältige technische Anwendungsmöglichkeiten, die nur zum geringen Teil bereits realisiert worden sind. Da die Energiespeicherung in der Regel eine andere Energieform als die Zufuhr betrifft, erlauben dissipative Strukturen im Prinzip die Konstruktion von Energiewandlern auf einer neuen technischen Grundlage, z. B. zur Umsetzung von chemischer in elektrische Energie (Abb. 28). Für diese Energiewandler sind verschiedene Einsatzvarianten möglich:

a) Energiequellen:

Es muß gefordert werden, daß die technischen Kennwerte herkömmlicher Batterien und Akkumulatoren erreicht werden. Diese Forderung ist beim hohen Stand der heutigen Batterietechnik natürlich nur schwer erfüllbar. Theoretische Abschätzungen haben gezeigt, daß der Wirkungsgrad dissipativer Strukturen als Energiewandler nur bei wenigen Prozenten liegt und daher kaum eine Konkurrenz für die in Gleichgewichtsnähe arbeitenden Batterien und Akkumulatoren darstellt. Andererseits sind neuartige Geräte möglich, wie Wechselstrombatterien, für die es spezielle Einsatzmöglichkeiten geben könnte.

b) Sensoren:

Wie schon gesagt, ist in vielen Fällen der Wirkungsgrad der Energieumwandlung bei dissipativen Strukturen niedrig, und die

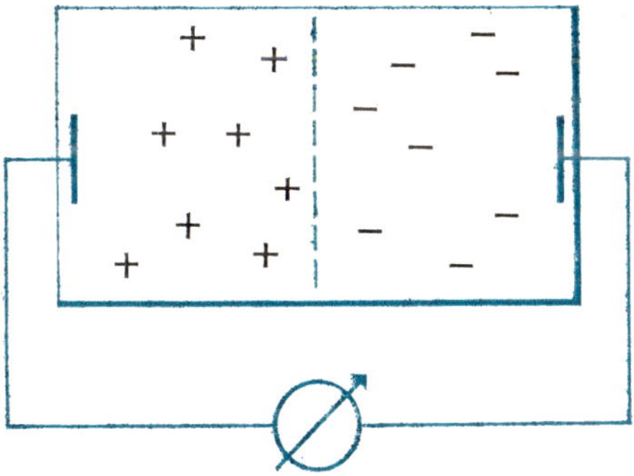

Abb. 28. Instabile Ionenreaktionen können zur Ladungstrennung führen, die für die Erzeugung einer Spannung nutzbar ist.

erzeugten Leistungen sind klein. Für den Einsatz als Sensor sind Wirkungsgrade und Leistungen jedoch völlig ausreichend. Die Vielfalt möglicher dissipativer Strukturen läßt im Prinzip eine entsprechende Vielfalt von Sensortypen für verschiedene Einsatzgebiete zu.

c) Meßverfahren:

Dissipative Strukturen reagieren häufig sehr empfindlich auf Änderung der Randbedingungen und können dabei kinetische Phasenübergänge verschiedenster Art durchlaufen. Phasenübergänge gestatten genaue Meßverfahren; so gestattet z. B. der Benard-Effekt den präzisen Nachweis extrem schwacher Gravitationsfelder.

d) Transport von Energie:

Dissipative Strukturen bilden sich nur in offenen Systemen, die ständig von einem äußeren Fluß von Energie und/oder Stoff durchgesetzt werden. Ebenso führt der Aufbau von Strukturen zu einem effektiven inneren Transport, der für Energie- oder Informationsübertragung genutzt werden könnte oder als Zweitfunktion, z. B. zur schnellen, energiesparenden Wärmeableitung oder zur Erzeugung von Temperaturgefällen.

e) Stofftrennverfahren:

Dissipative Strukturen liefern relativ einfach eine Energieform, die mit herkömmlichen Technologien oft nur schwer erzeugbar ist: chemische Konzentrationsunterschiede. Der Aufbau energiesparender, »kalter« Stofftrennverfahren ist auf dieser Grundlage im Prinzip möglich (Abb. 29).

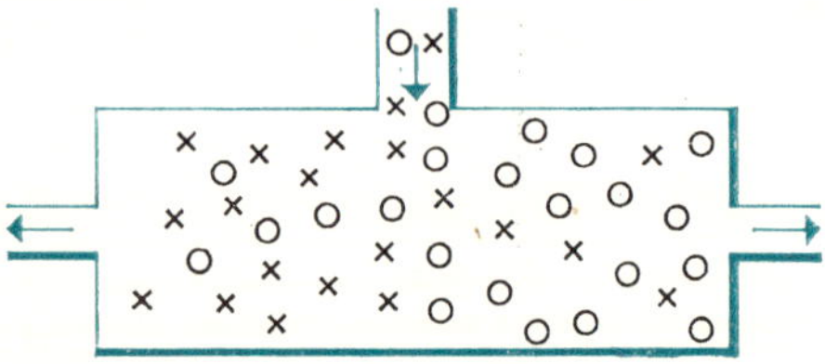

Abb. 29. Instabile Reaktionen können über Konzentrationsstrukturen zur Separation chemischer Komponenten (x) genutzt werden.

Ein weites Feld der Anwendung von Methoden der Theorie der Selbstorganisation bietet sich auf dem Gebiet der Explosionsmotoren. Hier wurden z. B. durch eine Forschungsgruppe in Brüssel bereits wertvolle Resultate durch die Untersuchung der stochastischen Streuung des Explosionszeitpunkts erzielt.

Ein Anwendungsgebiet von großem Interesse bietet auch die Neuberechnung des Wirkungsgrades von Kraftmaschinen unter Verwendung modernster theoretischer Methoden. Die klassische Theorie der energieumwandelnden Maschinen basiert auf der Annahme des reversiblen Ablaufs der Prozesse. In der Realität vollziehen sich die Prozesse in Kraftmaschinen jedoch weitab vom Gleichgewicht und sind mit Entropieproduktion verbunden. Die theoretische Durchdringung solcher Prozesse hat sich als außerordentlich schwierig erwiesen. Bei der Meisterung dieser Schwierigkeiten ist eine weitere Optimierung der derzeit benutzten Kraftmaschinen zu erwarten. Einige Nutzungsmöglichkeiten auf den Gebieten Materialschutz und Tribotechnik sollen im folgenden vorgestellt werden.

Ein wichtiges Anwendungsgebiet von Prozessen der Selbstorganisation ist der Korrosionsschutz. Das Aufbringen korrosionsverhütender Schichten kann durch Selbstorganisation sowohl gefördert als auch behindert werden. Beim Aufbringen von Lacken auf Metall, z. B. in der Automobilindustrie, ist die Ausbildung von Zellen durch Grenzflächeninstabilitäten beim Verdunsten des flüchtigen Lösungsmittels ein unerwünschter Nebeneffekt. Die Homogenität der Lackfläche wird dadurch verringert, und es entstehen »dünne Stellen«, an denen die Korrosion angreifen kann (Abb. 30).

Ein zweites wichtiges Anwendungsgebiet bezieht sich auf Bruchprozesse. Ein unter Spannung stehendes Material kann als ein aktives (gepumptes) Medium betrachtet werden, dem in jedem Raumpunkt freie Energie zugeführt wird. Bei überkritischen Be-

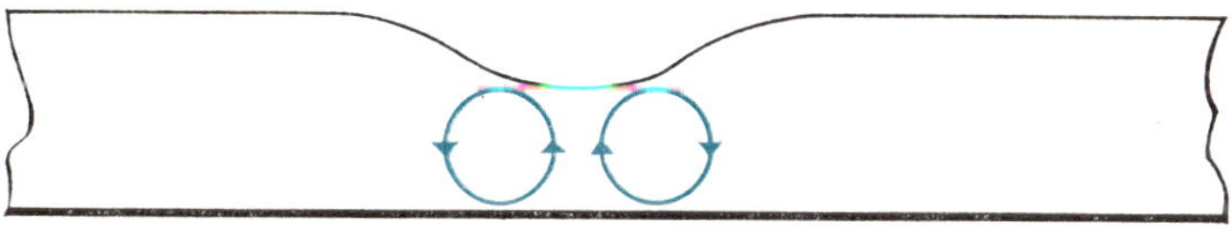

Abb. 30. Das Auftreten von Strömungsinstabilitäten an verdunstenden Lochoberflächen führt zu dünnen Stellen, an denen später Korrosion leicht angreifen kann.

lastungen (Pumpraten) organisiert sich das Material neu; es entstehen Risse, Spalten und andere neue Strukturen (Abb. 31).

Ein drittes Anwendungsgebiet ist die Tribotechnik. Es hat sich gezeigt, daß unter Ausnutzung von Mechanismen der Selbstorganisation der Verschleiß von Lagern um Größenordnungen gemindert werden kann. Ein Lager ist hierbei als offenes System zu betrachten, in das ständig hochwertige mechanische Energie hineingepumpt wird. Der Mechanismus der selektiven Reibung (Nullverschleiß), der in den fünfziger Jahren von Garkunov und Kragelski entdeckt wurde, beruht darauf, daß mit einem Teil der Pumpenergie physiko-chemische Prozesse angetrieben werden, die den Verschleiß verringern oder aufheben (Abb. 32).

Auch auf den Gebieten der Mikroelektronik und Optoelektronik zeichnen sich Nutzungsmöglichkeiten ab. Die Anwendung von Prinzipien der Selbstorganisation und Evolution wird international von verschiedenen Forschungsrichtungen intensiv verfolgt. Dabei gibt es folgende Hauptrichtungen:
1) Verhinderung des Ausfalls von Bauelementen durch bessere Beherrschung von Durchbruchsphänomenen. Nach Kerner und Osipov werden sehr viele Ausfälle durch Stromeinschnürungen und Durchbrennen verursacht. Hierzu liegen bereits umfangreiche Erkenntnisse vor.

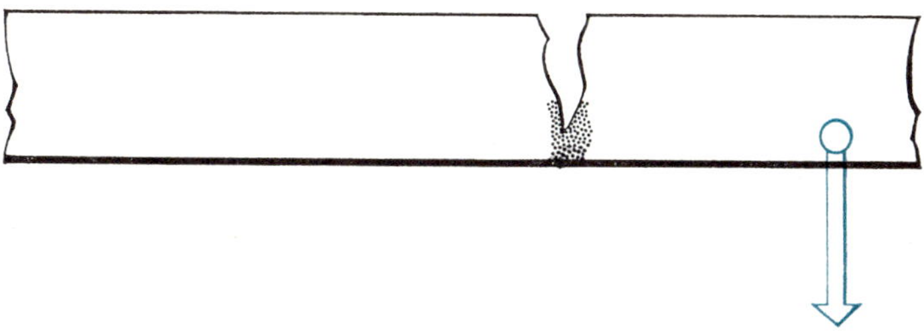

Abb. 31. Brüche sind spezielle dissipative Strukturen; an der Bruchstelle treten hohe Energiedichten auf.

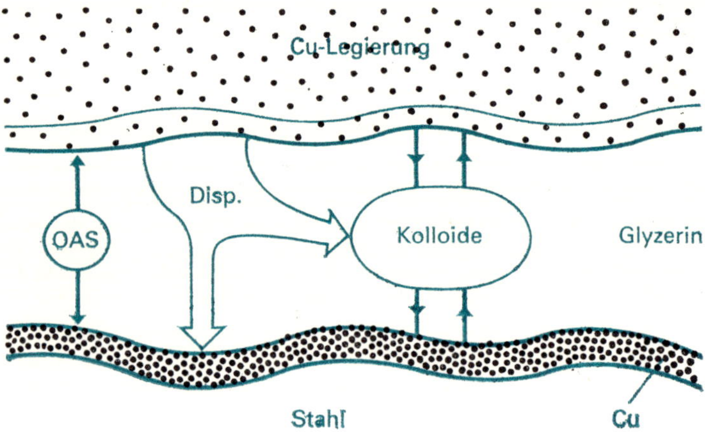

Abb. 32. Bei der selektiven Reibung treten bei Vorhandensein spezieller Schmiermittel (Glyzerin) und oberflächenaktiver Substanzen (OAS) dissipative Strukturen auf, die zu dünnen, weichen Kupferschichten auf der Stahlseite des Lagers führen. Die Reibungsverluste werden dadurch stark herabgesetzt (Nullverschleiß).

2) Erzeugung von Autowellen in Halbleitern. Es gibt eine Reihe von Vorschlägen von Balkarej und Mitarbeitern, von denen einige bereits experimentell erprobt werden. Dem Vernehmen nach soll auch bereits ein Sender auf der Basis von Spiralwellen konstruiert worden sein.

3) Pumpen von Lichtleitern nach dem Vorbild der Nervenleitung (Abb. 33).

4) Holographische Bildverarbeitung mit aktiven Halbleitern.

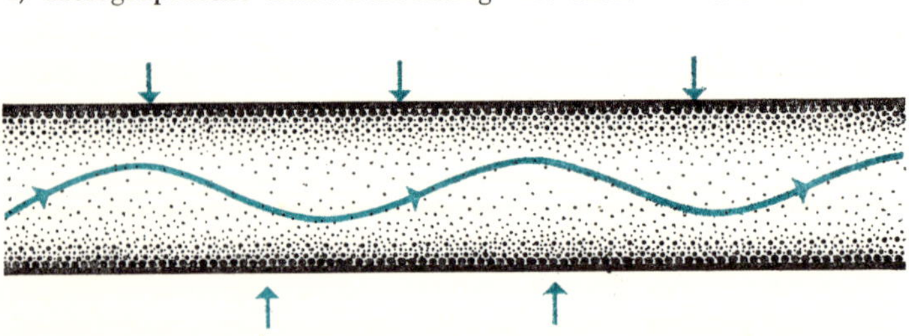

Abb. 33. Ein Lichtleiter kann im Prinzip wie eine Nervenfaser dämpfungsfrei gemacht werden, wenn Energie von außen zugeführt und das System nach dem Laserprinzip gepumpt wird.

5) Konstruktion dynamischer Kurzzeitspeicher, die ähnlich wie das Gehirn arbeiten.

6) Entwicklung einer funktionalen Elektronik auf der Grundlage selbstorganisierender Medien.

7) Suche nach alternativen Rechnerprinzipien.

Zu den vier letzten Punkten sollen noch einige Anmerkungen gemacht werden. Im Zusammenhang mit den steigenden Anforderungen an die Informationsverarbeitung setzt sich immer mehr die Idee durch, daß Alternativen zum klassischen Von-Neumann-Computer und möglicherweise auch zu den heute verwendeten Halbleitertechnologien geprüft werden sollten. Es ist allerdings nicht damit zu rechnen, daß die neuen Prinzipien und Technologien die heutigen verdrängen werden. Wahrscheinlicher ist, daß eine Generation neuer Rechner entwickelt werden wird, die den heutigen Rechnern zur Seite stehen werden.

Solche alternativen Computer sollten sich ähnlich wie das Gehirn durch Adaptabilität, Parallelverarbeitung der Informationen und Assoziativität der Speicher auszeichnen. Mögliche Alternativen werden zur Zeit in der ganzen Welt unter den Stichworten Biochips, Biocomputer, Molekularcomputer, Neuronenrechner, Netzwerkcomputer usw. intensiv diskutiert. Im Kapitel »Selbstorganisation als Prinzip einer künftigen Rechnergeneration?« wird darauf noch ausführlich eingegangen.

Automatisierung und Optimierung

Interessante Anwendungen von Prinzipien der Selbstorganisation sind bei der Roboterentwicklung denkbar. Neue Robotergenerationen zeichnen sich aus durch verbesserte Präzision, Geschwindigkeit und Variabilität ihrer Manipulation, aber auch durch verbessertes Erkennen und Verarbeiten von Umweltinformationen, z. B. durch Sensoren und elektronische Kommunikation mit Roboter»kollegen«. Der Mensch überläßt dem Automaten immer mehr Einzelentscheidungen, die Maschinen gewinnen eine gewisse »Handlungsfreiheit«, das Produktionssystem insgesamt erhält damit mehr innere Freiheitsgrade (im physikalischen bzw. systemtheoretischen Sinne).

Die Theorie der Strukturbildung zeigt, daß jenseits eines kritischen Umfangs der Freiheitsgrade Selbstorganisation einsetzt, gewisse »Moden« werden von anderen gesteuert. Im Ergebnis entsteht eine neue Struktur oder eine neue Arbeitsweise des Systems, die erwünscht oder unerwünscht sein kann und deren Herausbil-

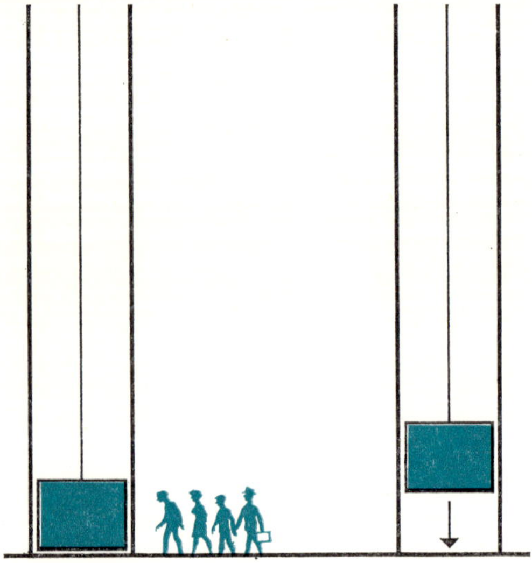

Abb. 34. Mehrere Fahrstühle synchronisieren sich bei großem Ansturm, weil ein Fahrstuhl mit Zeitvorsprung bevorzugt aufgesucht und dabei verzögert wird.

dung unter Umständen überrascht. Dies soll an einem einfachen Beispiel eines Systems von Transportautomaten, z. B. Beschikkungsautomaten oder Fahrstühlen, erläutert werden. Solche Automaten haben die »Freiheit«, nur bei Anforderung in Funktion zu treten und bei mehreren gleichzeitigen Anforderungen die Reihenfolge ihrer Abarbeitung selbst zu »entscheiden«. Bei überkritischer Rate an Anforderungen reichen diese Freiheitsgrade zur Selbstorganisation aus, das System minimalisiert oder maximalisiert die Transportleistung oder -geschwindigkeit (Abb. 34). Das Fahrstuhlsystem in großen Hotels mit mehreren Aufzügen bietet ein typisches Beispiel für eine derartige Selbstorganisation. Wollen viele Gäste befördert werden, so synchronisieren sich alle Fahrstühle automatisch, alle fahren gleichzeitig aufwärts bzw. abwärts. In der Folge ist die mittlere Wartezeit für den Benutzer maximal. Dieser unerwünschte Effekt war von den Konstrukteuren sicher nicht beabsichtigt.

Ein Beispiel für unerwünschte Prozesse der Selbstorganisation sind die selbsterregten Schwingungen von Schienen. Ein großer Teil der Antriebsenergie von Schienenfahrzeugen wird in Schwingungen der Schienen und des Schienenbetts umgesetzt, die letztlich zur Zerstörung der Systeme führen. Eine genauere Beherrschung dieser schadlichen Prozesse konnte helfen, die Zeitabstande zwischen den aufwendigen Erneuerungsarbeiten an Gleisstrecken der Straßen- und Eisenbahn zu vergrößern.

Diese Beispiele sollen zeigen, daß die Kenntnis von Prozessen der Selbstorganisation bei der Konzipierung von automatisierten Produktionseinrichtungen wichtig ist, um unerwünschte Möglichkeiten der Selbstorganisation auszuschließen und, wenn möglich, Selbstorganisation für die Optimierung des Produktionsablaufs zu nutzen.

Ein großes Feld für die Anwendung von Evolutionsprinzipien bietet auch das aktuelle Problem der Automatisierung von Entwurfsprozessen und der Optimierung von Entwürfen.

Optimierung ist ohne Zweifel eine der Hauptaufgaben der modernen Ökonomie und Technologie. Die Gesellschaft braucht Lösungen, die einfach, zuverlässig und preiswert sind. Die bisher realisierten Beispiele der Nutzung von Prinzipien der Selbstorganisation und Evolution für die Lösung von Optimierungsaufgaben verdanken wir besonders den Arbeiten von Holland, Rechenberg und Schwefel. Im folgenden soll eine spezielle Klasse von schwierigen Optimierungsaufgaben betrachtet werden, deren Repräsentanten in ganz verschiedenen Gebieten der Wirtschaft und Technik angesiedelt sind.

Beispiel 1: In der Mikroelektronik besteht die Aufgabe, eine gegebene relativ große Menge von Bauelementen $n = 10^2$ bis 10^7 nach einem vorgegebenen Schaltschema durch Leiterbahnen zu verbinden (Abb. 35). Wie ordnet man die Elemente am günstigsten auf dem Chip an, damit die Leiterbahnen eine möglichst kleine Gesamtlänge haben? In der Praxis sind dabei natürlich noch viele Nebenbedingungen, z. B. die Vermeidung von Kreuzungen, zu beachten.

Beispiel 2: In der chemischen Technologie existiert das Problem, aus einer gegebenen großen Menge von n Blechen mit konischer Bohrung von verschiedenem Durchmesser eine Düse zusammenzusetzen, die eine maximale Reaktionsausbeute liefert ($n \gg 1$) (Abb. 36).

Beispiel 3: Die Optimierung von Transportleistungen in der Ökonomie erfordert es, die Empfänger in einer Reihenfolge anzulaufen, die den kürzesten Transportweg darstellt. Dieses Problem ist als »Problem des reisenden Handelsmannes« schon von vielen hervorragenden Mathematikern bearbeitet worden. Der reisende Handelsmann soll für eine gegebene Zahl von n Städten ($n \gg 1$) die kürzeste Reiseroute wählen (Abb. 37).

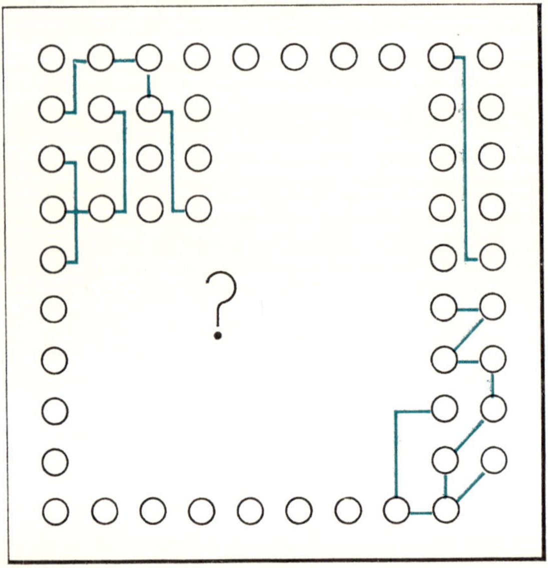

Abb. 35. Ein wichtiges Problem des Entwurfs elektronischer Schaltungen besteht darin, eine günstige Anordnung der Bauelemente auf dem Chip zu finden. Im gegebenen Beispiel sollen 99 Bauelemente so angeordnet werden, daß die gesamte Länge der verbundenen Leiterbahnen minimal ist.

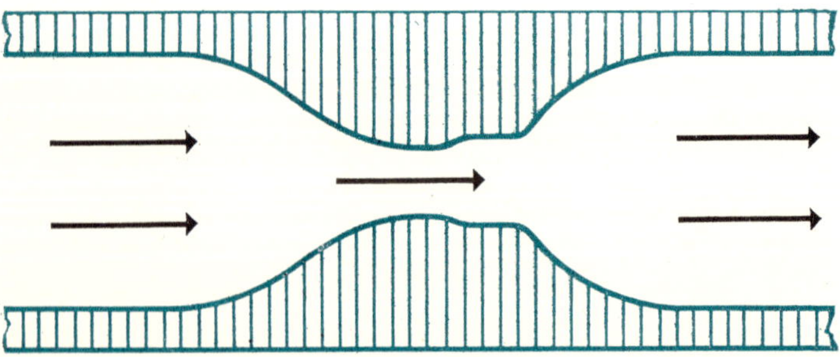

Abb. 36. Konisch durchbohrte Bleche sind in optimaler Weise zu einer Düse zusammenzusetzen (nach Rechenberg).

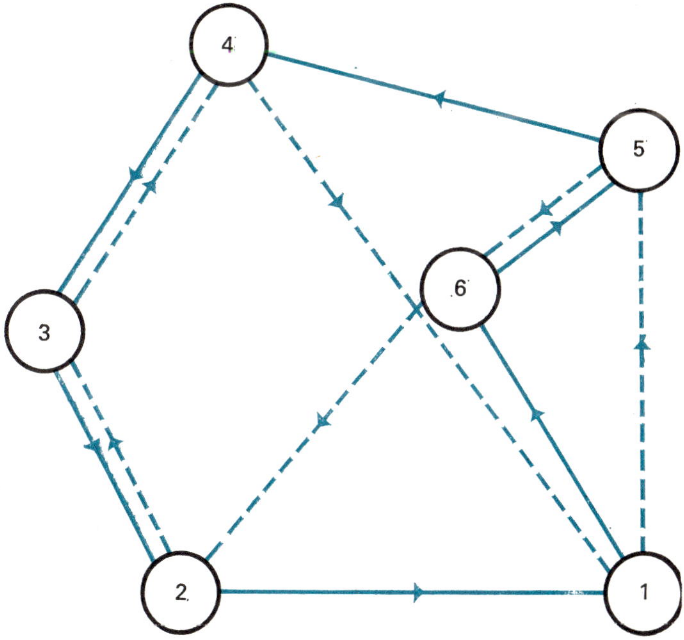

Abb. 37. Beim Problem des reisenden Handelsmannes ist die kürzeste Route zu suchen, die n Städte verbindet (hier n = 6).
Zwei der möglichen Routen werden gezeigt.

Für kleine Zahlen von n können die entsprechenden Aufgaben mit vertretbarem Aufwand bearbeitet werden, aber für große n sind diese Probleme so schwierig, daß sie auch von den größten existierenden Computern nur mit erheblichem Aufwand näherungsweise lösbar sind. Der Grund besteht darin, daß der Aufwand nicht wie sonst üblich mit einer Potenz von n, d. h. wie n^k, sondern exponentiell mit n wächst, d. h. wie $\exp(\beta n)$. Die Mathematiker bezeichnen die Klasse dieser Probleme als NP-vollständig und haben nachgewiesen, daß der Schwierigkeitsgrad für die verschiedenen Elemente der Klasse von der gleichen Größenordnung ist.

Lassen Sie mich die oben kurz skizzierte Problemklasse nun in der Netzwerksprache formulieren und dabei nur noch den einfachsten Repräsentanten, das Problem des reisenden Handelsmannes, explizit betrachten.

Gegeben ist ein System von $n \gg 1$ Netzwerkelementen (Knoten), gesucht ist ein geschlossener Kantenweg, ein Ring, der im Rahmen einer passenden Metrik möglichst kurz ist. Der Lösungsweg einer zunächst gedachten Optimierungsmaschine besteht darin, ausgehend von einer willkürlichen Anfangsstruktur des Ringes, durch stochastische Varianten der Kanten möglichst dicht an das unbekannte Optimum heranzukommen. Es existiert eine große Zahl mathematischer Arbeiten dazu, die außer der klassischen Gradientenstrategie noch eine Reihe weiterer praktikabler Lösungen liefern.

Einen ganz neuen, physikalisch motivierten Zugang brachte die Arbeit von Kirkpatrick, Gelatt und Vecchi, die 1983 in »Science« vorgestellt wurde. Die Autoren nannten ihre Methode Strategie des simulierten Ausglühens (simulated annealing). Die Idee ist bestechend einfach. Man simuliere einen Prozeß der stochastischen Variation der Ringe mit Übergangswahrscheinlichkeiten nach Boltzmann, die einer Pseudotemperatur T entsprechen (Monte-Carlo-Technik, Metropolis-Algorithmus). Man beginne mit hohen Temperaturen und senke dann die Temperatur ab. Als Energie (Hamilton-Funktion) dient die Gesamtlänge des Weges:

$$H = L = \Sigma L_{ij}. \qquad (19)$$

Mit anderen Worten, man packe das Problem so an wie der Hochöfner, der einen guten Stahl produzieren möchte.

Die Methode des simulierten Ausglühens, auch Boltzmann-Strategie genannt, ist an vielen Forschungseinrichtungen der Welt aufgegriffen und erfolgreich bearbeitet worden. Eine spezielle Variante wurde in der Forschungsgruppe des Verfassers entwikkelt. Die Idee besteht in einer Kombination der Boltzmann-Strategie mit einer Darwin-Strategie. Am Anfang der Untersuchungen stand nur eine vage Überlegung: Das Beispiel der Evolution von Weltall, Erde, Mensch lehrt, daß neben Boltzmann- auch Darwin-Strategien notwendig sind, um aus Ansammlungen wechselwirkender Atome qualitativ Neues und Überlegenes zu schaffen. Dann gelang ein theoretischer Beweis der möglichen Vorteile von Mischstrategien und schließlich die Demonstration der Überlegenheit durch Simulation auf einem Personalcomputer. Es wurden drei Strategien systematisch miteinander verglichen.

(i) Stochastische Gradientenstrategie: Die Ringwege werden stochastisch abgeändert (schnelle Dynamik). Positive Resultate, d. h. solche, die verkürzten Wegen entsprechen, werden sofort akzeptiert, negative Änderungen werden nicht ausgeführt.

(ii) Simulierte Abkühlung: Positive Resultate von Mutationen werden stets akzeptiert, negative Änderungen werden mit einer kleinen Wahrscheinlichkeit

$$\exp(-\triangle H/T) \tag{20}$$

ausgeführt. Diese Annahme ermöglicht es dem System, ungünstige Nebenminima wieder in Richtung besserer Minima zu verlassen. Die Temperatur wird langsam abgesenkt (langsame Dynamik).

(iii) Gemischte Boltzmann-Darwin-Strategie: Es wird ein Ensemble von n Handelsleuten betrachtet, die in gewissen stochastisch verteilten Zeitabständen paarweise einen Vergleich vornehmen. Der schlechtere Handelsmann übernimmt nach dem Vergleich den besseren Weg. Im Laufe der weiteren Entwicklung werden sich die Wege beider Handelsleute wegen der stochastischen Mutationsprozesse in der Regel wieder trennen.

Die Abb. 38 zeigt einen Vergleich der besten Resultate, die zehn Handelsleute unter Benutzung der drei Strategien in unseren Computersimulationen erreichten. Die Abb. 39 zeigt den besten Weg.

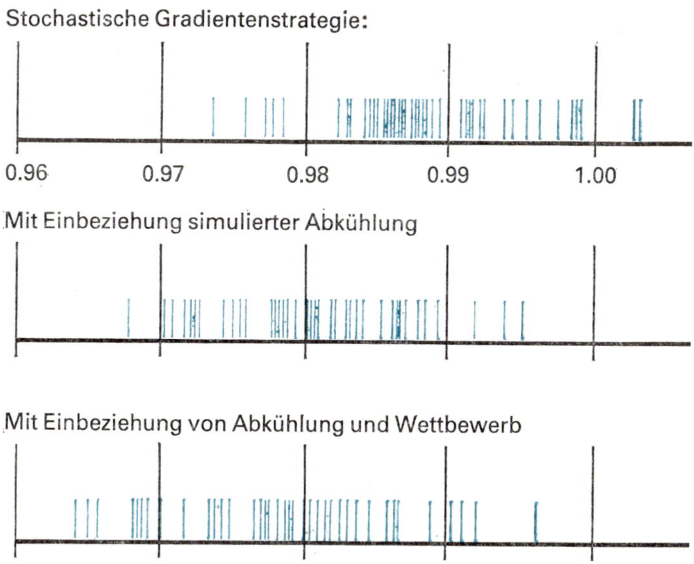

Abb. 38. Ergebnisse von Computersimulationen bei der Suche nach der besten Route (nach Boseniuk)

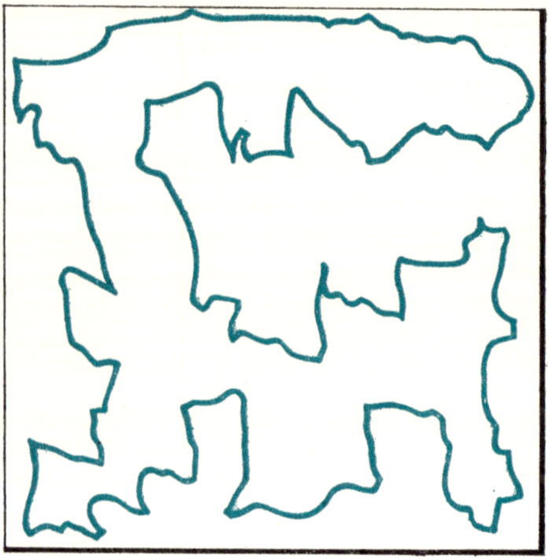

Abb. 39. Die beste Route, die mit einer gemischten Boltzmann-Darwin-Strategie gefunden wurde (nach Boseniuk)

Es wurden jeweils fünfzig Läufe durchgeführt. Man erkennt, daß die gemischte Strategie die anderen beiden deutlich übertrifft.

Die oben demonstrierten stochastischen Ringnetzwerke können als Beispiele für die Arbeit mit Netzwerkmaschinen interpretiert werden. Wir kommen auf Netzwerkmaschinen später noch einmal zurück.

Für die Optimierung sind Ringnetzwerke von besonderem Interesse. Sie werden im Computermodell und inzwischen auch in der Hardware recht gut beherrscht. Die Gruppe des Physikers David Tank aus den Bell-Laboratorien stellte in letzter Zeit verschiedene Entwürfe für Si-Chips vor, die über die Messung des Stromes auf einem Chip mit n $\times$ n Bauelementen das Problem des reisenden Handelsmannes sozusagen mit VLSI-Technologie lösen. Die damit mögliche hohe Flächendichte der Elemente gestattet es, die Zahl der Städte relativ groß zu machen. Wer serienmäßig Probleme vom Typ des reisenden Handelsmannes zu lösen hat, wird vermutlich in naher Zukunft besser auf einen Chip zurückgreifen, statt große Kapazitäten an Computerzeit zu binden. Ob man Mischstrategien auch über elektrische Netzwerke in Hardware realisieren kann, wurde bisher noch nicht untersucht.

Selbstorganisation und Information

Was verstehen wir unter Information?

Unter den Physikern herrscht heute die Auffassung vor, daß Information keinen physikalischen Begriff darstellt, sondern als Grundbegriff der Kybernetik zu betrachten ist. Information ist allerdings unlösbar an physikalische Objekte und Prozesse gebunden und besitzt somit auch physikalische Aspekte. So wurde auch die Begründung der Informationstheorie stark durch Physiker beeinflußt. Besonders Maxwell, Boltzmann, Gibbs, Szilard und von Neumann haben die Herausbildung der Ideen von Claude Elwood Shannon entscheidend beeinflußt. Von eminenter wissenschaftlicher Bedeutung waren die Artikel von Leo Szilard aus dem Jahre 1929 »Über die Entropieverminderung in einem thermodynamischen System bei Eingriffen intelligenter Wesen« sowie die Monographie von Brillouin aus dem Jahre 1956 »Science and Information Theory«.

Eine wichtige Erkenntnis der Physiker war, daß Informationsübertragung zwischen Systemen immer mit Energie- und Entropieübertragung verknüpft ist. Information ist jedoch nicht mit Energie oder Entropie identisch, sie bezeichnet eine andere Qualität. Damit haben wir einen ersten Anhaltspunkt für eine Begriffsbildung, denn wie Spinoza meinte: »Omnia determinatio negatio est« (Jede Begriffsbestimmung ist Verneinung).

Eine andere wichtige Erkenntnis bestand darin, daß Information nur in Systemen mit mehreren möglichen Zuständen auftreten kann, wo eine gewisse Unbestimmtheit des tatsächlichen Systemzustandes vorliegen kann. Dabei denken wir an Makrozustände, da Informationssysteme im wesentlichen makroskopischen Charakter tragen.

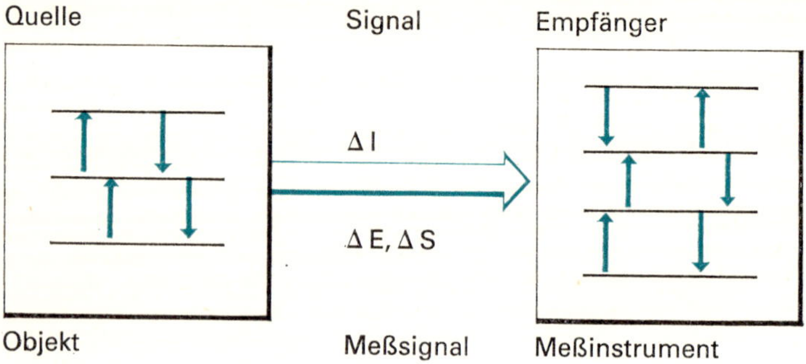

Abb. 40. Zwei Grundsituationen beim Informationsaustausch zwischen Systemen. Oben: Eine Quelle löst im Empfänger durch ein Signal einen Übergang aus. Unten: Einem Meßinstrument wird über das Meßsignal ein Übergang im Objekt angezeigt.

Schließlich wurde klargestellt, daß Informationssysteme nur im Nichtgleichgewicht arbeiten können. Sie müssen mit hochwertiger Energie gepumpt werden. Damit wurde eine enge Beziehung zwischen Informationsverarbeitung und Selbstorganisation hergestellt, die im folgenden herausgearbeitet wird.

Bewußt unter Vernachlässigung semantischer Aspekte vereinfachend, versteht der Physiker unter Information eine austauschbare Größe, die eng mit Energie und Entropie verknüpft ist und die die Unbestimmtheit des Zustandes eines Systems reduziert. Obwohl der physikalische Träger und das Getragene eine unlösbare dialektische Einheit bilden, halten wir es doch aus physikalischer Sicht für günstiger, nicht die Information als Träger plus Getragenes zu definieren, weil auch die üblichen physikalischen Definitionen der Grundgrößen Energie und Entropie den Träger nicht einschließen. Wir gehen davon aus, daß Information eine Größe ist, die zwischen zwei Systemen, bedingt Quelle und Empfänger genannt, ausgetauscht werden kann (Abb. 40).

Es gibt zwei Grundsituationen:

a) Die Quelle präpariert den Empfänger mit Hilfe eines Signals, indem sie dort einen Übergang von einem Zustand zu einem anderen auslöst.

b) Der Empfänger ist ein Beobachtungsmittel, ein Meßinstrument; der Empfang des Signals zeigt einen Übergang zu einem bestimmten Zustand der Quelle an.

Präparation und Messung sind irreversible Akte, sie sind nicht umkehrbar. Komplexe Informationssysteme wie die Rechner basieren auf Sequenzen von Zustandsänderungen, diese sind auch irreversibel, können aber im Prinzip auch reversibel oder fast reversibel ablaufen. Dazu wurden in letzter Zeit sehr interessante Untersuchungen von den amerikanischen Physikern Charles Bennett, Rolf Landauer und Richard Feynman angestellt. Nur die anfängliche Präparation und die am Ende stehende Beobachtung muß unbedingt irreversibel sein, da sonst der zweite Hauptsatz verletzt würde.

Mit den dargelegten Konzeptionen und insbesondere mit der physikalischen Definition der Information als Verringerung der Unbestimmtheit des Zustands bettet die Physik die Größe Information in ihr System ein. Die semantische Seite der Information entzieht sich der physikalischen Beschreibung; sie muß daher auch hier völlig ausgeklammert werden.

Welche Beiträge kann die Physik heute zur Behandlung der Informationsprobleme leisten? Es gehören dazu:

a) Entwicklung neuer Bauelemente für die Informationstechnik, die noch schneller und noch zuverlässiger arbeiten, kleinere Abmessungen haben, besser verschaltet und integriert werden können. Hier gab es in letzter Zeit eindrucksvolle Fortschritte.

Mancher wird meinen, daß sich hierin die Beiträge der Physiker erschöpfen werden, aber es müßte auch darüber hinaus

b) Beiträge zur Entwicklung der Grundfragen der Disziplin geben.

So wie die Pioniere der Informationswissenschaft, die Nachrichtentechniker Hartley und Shannon, ein ausgearbeitetes Entropiekonzept der Physiker Boltzmann, Gibbs, Szilard, von Neumann, Tolman und anderer benutzen konnten, so gibt es auch heute infolge der Weiterentwicklung der Physik neue Möglichkeiten der Kooperation. Die Diskussion möglicher Beiträge von seiten der Physik der Selbstorganisation wird in den folgenden Abschnitten erörtert.

Physikalische Grundlagen für Informationsprozesse

Der Austausch von Informationen zwischen zwei Systemen ist notwendigerweise mit Energie- und Entropieaustausch verknüpft. Nun ist Energieaustausch zwar erforderlich, seine Größe aber offenbar unwesentlich; schon geringste Energiemengen, z. B. ein Lichtquant, können die Unbestimmtheit eines Zustands verringern. Andererseits ist nach der fundamentalen Erkenntnis von Szilard, Rothstein und Brillouin die Verringerung der Unbestimmtheit in quantitativer Weise mit dem Entropieaustausch verknüpft. Die

Menge der übertragenen Information I ist durch die Verringerung der Unbestimmtheit H gegeben:

$$\Delta I = -\Delta H. \tag{21}$$

Die Unbestimmtheit wird dabei nach Shannon für ein System mit n Zuständen durch die Formel

$$H = \sum_{i=1}^{n} p_i \ln p_i^{-1} \tag{22}$$

bestimmt. Die Shannonsche H-Funktion ist der Mittelwert der Unbestimmtheiten der einzelnen Zustände $\ln p_i^{-1}$. Durch Vergleich von Gleichung (22) mit der Boltzmann-Gibbs-Entropie (Gl. 15) findet man, daß jede Änderung der Unbestimmtheit mit einer Änderung der Entropie des Systems durch die Formel

$$\Delta S = k_B \Delta H \tag{23}$$

verknüpft ist, wobei k_B die Boltzmann-Konstante ist, wenn H mit Hilfe der natürlichen Logarithmen berechnet wird:

$$k_B = 1.381 \cdot 10^{-23} \text{ J/K} \tag{24}$$

Der Erhalt einer Information über ein System wird also mit der Übernahme von Entropie bezahlt. Mit anderen Worten, ein Informationsstrom ist stets von einem proportionalen Entropiestrom begleitet (Abb. 41). Die Beziehung zwischen Entropie und Informationsmaß ist qualitativ und wesentlich, sie ist ein fundamentales Gesetz, das Physik und Informationstheorie verkoppelt. Nun ist allerdings nicht jede Entropieübertragung auch mit Informationsübertragung verknüpft, daher gilt allgemeiner die Szilard-Brillouin-Relation

$$\Delta S \geq k_B \Delta H$$

$$\Delta I \leq k_B^{-1} |\Delta S| \tag{25}$$

Diese Relation sagt aus, daß die Informationsübertragung stets kleiner als die Entropieübertragung (in Einheiten k_B) ist.

Bei realen Prozessen kann Entropie auf viele verschiedene Weisen transportiert werden, z. B. durch Stoff- und Wärmeübergang. Informationstransfer ist nur eine spezielle Form des Entropietransfers zwischen zwei Systemen. Aus der Physik ist bekannt, daß die Entropie keinem Erhaltungssatz genügt, sondern dem zweiten Hauptsatz der Thermodynamik unterworfen ist. Dieser besagt, daß Entropie zwar erzeugt, aber grundsätzlich niemals

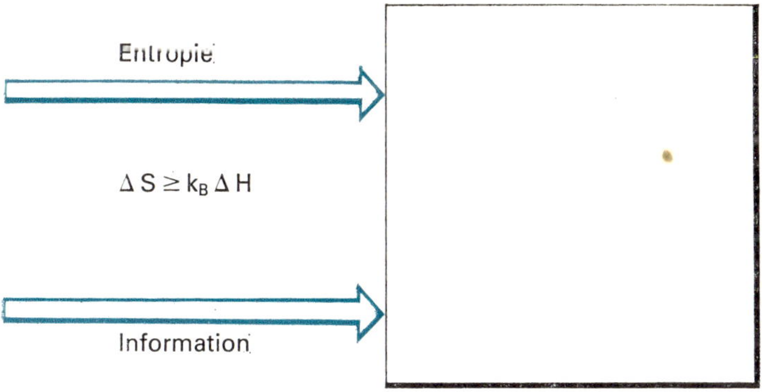

Abb. 41. Informationsübertragung ist stets mit Entropieübertragung verknüpft.

vernichtet werden kann. In der Prigogineschen Formulierung lautet dieses Naturgesetz

$$dS = d_iS + d_eS; \quad d_iS \geq 0. \tag{26}$$

In Worten: Die Änderung der Entropie eines Systems besteht aus dem Produktionsteil und dem Austauschteil; ersterer kann niemals negativ werden und Null nur im Grenzfall des Gleichgewichts. Die Entropie und damit auch die Unbestimmtheit eines Systems können daher nur in gepumpten Systemen, die Entropie an die Umgebung abgeben, verkleinert werden. Von allein können sich die Entropie bzw. die Unbestimmtheit eines Systems nur vergrößern, Information geht dabei verloren. Nur in offenen (gepumpten) Systemen, die Entropie abgeben, kann sich die Unbestimmtheit verkleinern und damit Information gewonnen werden. Da im thermodynamischen Gleichgewicht die Entropie bzw. die Unbestimmtheit maximal sind, erfordern Informationsprozesse Nichtgleichgewichtsbedingungen (Abb. 42). Informationsverarbeitung kann somit als eine spezielle Form der Selbstorganisation betrachtet werden. Die quantitative Beziehung zwischen physikalischer Entropie und Unbestimmtheit kann unter Einschränkung in gewisser Hinsicht mit der Einstein-Relation zwischen Masse und Energie

$$E = mc^2 \tag{27}$$

verglichen werden. Beide Äquivalenzrelationen bedeuten nicht Identität der Größen auf beiden Seiten des Gleichheitszeichens,

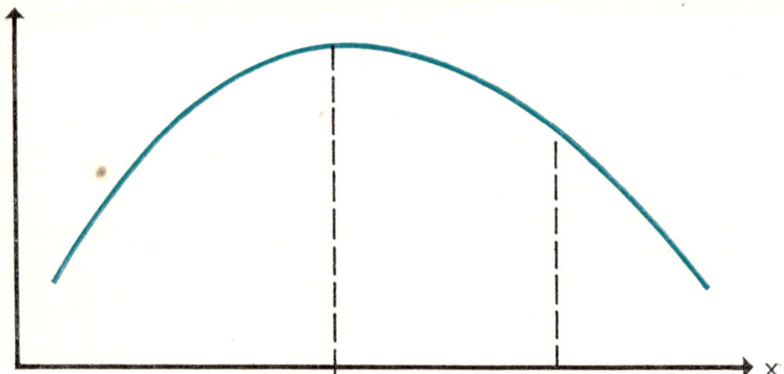

Abb. 42. Der Arbeitspunkt (AP) eines Informationssystems muß außerhalb des Gleichgewichts liegen.

und sie bedeuten auch nicht eine Umwandelbarkeit. Ebensowenig wie Masse in Energie umwandelbar ist, kann physikalische Entropie in Unbestimmtheit umgewandelt werden. Wohl aber kann eine Form der Masse bzw. Entropie in eine andere umgewandelt werden, und parallel dazu vollzieht sich dann die der Äquivalenzrelation entsprechende Umwandlung einer Form der Energie bzw. der Unbestimmtheit in eine andere. In diesem Sinne kann man auch von Informationsentropie sprechen. Es handelt sich dabei um eine Entropieform, die unmittelbar mit informatiellen Prozessen verknüpft ist. Aus dieser Auffassung folgt, daß nicht jede Entropieübertragung mit Informationsübertragung verknüpft ist, sondern nur die Übertragung des Teiles, der Informationsqualität besitzt, d. h. von Informationsentropie. Die gesamte Entropieübertragung bei einem Informationsprozeß kann natürlich größer sein als der Anteil von Informationsentropie, wie Gleichung (25) ausweist.

Es muß noch ausdrücklich gesagt werden, daß die Entropieänderungen ebenso wie auch die Energieänderungen bei informatiellen Prozessen im Vergleich zum Gesamtinhalt außerordentlich klein sind. Häufig wird daraus der Schluß gezogen, daß der Entropieaspekt von Informationssystemen unwesentlich sei. So rechnete der bekannte Biophysiker Blumenfeld aus, daß im thermodynamischen Sinne ein biologisches System nicht geordneter als ein Stein gleichen Gewichts ist und daß die entsprechende Entropie nicht die übersteigt, die zum Verdampfen von einigen hundert Gramm Wasser aufzubringen ist. Solche Betrachtungen gehen am Wesen der Dinge vorbei. Im Vergleich zur Ruheenergie der Stoffe bedeuten alle chemischen Prozesse nur ein Kräuseln der Energieoberfläche; daraus den Schluß zu ziehen, daß die Energie für chemische Prozesse unwesentlich sei, würde sicher lebhaften Widerspruch herausfordern. Für Informationsprozesse ist der Entropiefluß eine wesentliche Komponente, allerdings ist der Informationsanteil an der Gesamtentropie eines Systems in der Regel außerordentlich klein; aber gerade dieser Anteil ist wesentlich für den Informationsaustausch. Von Bedeutung ist nicht das Verhältnis der Informationsentropie zur Gesamtentropie, sondern ihre absolute Größe, da diese einer Absenkung gegenüber dem Maximalwert im Gleichgewicht entspricht. Genauso wie die Energie beim Austausch zwischen Systemen in verschiedenen Formen auftritt (mechanische, thermische, elektrische Energie usw.), nimmt auch die Entropie beim Austausch verschiedene Formen an, wie thermisch-kalorische Entropie oder Mischungsentropie, und eine dieser Formen ist die Informationsentropie.

Ebensowenig wie man gebundener Energie eine Form zuschreibt, sollte man gebundener Entropie eine Form zuordnen. Der alte Streit, ob gebundene, ruhende Information überhaupt noch Information ist, wird nach dieser Auffassung eigentlich gegenstandslos. Gebundene Entropie bzw. Unbestimmtheit ist nicht Informationsentropie, sondern einfach nur Entropie, sie hat keine Form, erst im Austauschprozeß realisiert sie eine Form.

Für die Suche nach neuen geeigneten Informationssystemen mag es nützlich sein, die Voraussetzungen für den Ablauf von Informationsprozessen zusammenzustellen, wobei zunächst vier von den Moskauer Physikern Michail Wolkenstein und Dmitri Chernavsky formulierte Bedingungen dargelegt werden sollen.

Die erste Bedingung lautet: Ein Informationssystem muß mehrere stabile bzw. metastabile Zustände besitzen, die es alternativ einnehmen kann. Ein System mit zwei Zuständen, d. h. ein stabiles Informationssystem, kann ein bit aufnehmen, ein System mit N stabilen Zuständen hat die Informationskapazität (in bit):

$$I = \log_2 N. \qquad (28)$$

Die zweite Bedingung fordert Nichtgleichgewicht und Dissipativität. Ein einmal eingenommener Zustand darf in der Funktionszeit nicht spontan verlassen werden, sondern höchstens durch äußeren Eingriff, d. h. durch Schalten. Daraus resultiert auch die dritte Bedingung, die sich auf den Rauschpegel bezieht; dieser muß hinreichend klein sein, um Fluktuationsübergänge auszuschließen. Systeme, die zur Informationsgewinnung geeignet sind, müssen schließlich noch einer vierten Bedingung genügen. Es muß neutrale Gebiete des Zustandsraumes geben, von denen die verschiedenen stabilen Zustände ohne Prädetermination erreichbar sind. Der tatsächlich angelaufene Zustand hängt dann von Fluktuationen ab, dabei wird Information gewonnen und gemerkt.

Die dargelegten physikalischen Bedingungen zeigen, daß keinesfalls beliebige Systeme Informationen verarbeiten können. So scheiden die großen Klassen der konservativen Hamilton-Systeme und der thermischen Gleichgewichtssysteme aus, weil sie keine Informationen merken können.

Welche phyikalische Grenze gibt es für die Funktion von Informationssystemen? Aus der Äquivalenzrelation folgt eine fundamentale physikalische Grenze für alle Informationsprozesse. Gewinnung von Information kostet etwas, nämlich Entropie, und 1 bit kostet mindestens ($k_B ln2$). Aufnahme und Ausgabe von Information sind mit irreversiblen Entropiekosten verbunden, die unabhängig von der Temperatur sind. Keine noch so scharfsinnige Konstruktion kann den zweiten Hauptsatz überlisten. Füttert man ein Informationssystem mit Daten, so wird Entropie, die ein Maß für die innere Unordnung ist, ein- und ausgegeben. Ein Informationssystem muß in der Lage sein, Entropie abzuführen, z. B. über Wärmeleitung oder Strahlung, was Probleme bereiten kann. Informationssysteme müssen Entropie exportieren, und sie entsprechen damit Prozessen der Selbstorganisation (Abb. 41). Glücklicherweise können die inneren Übergänge in einem Informationssystem reversibel oder fast reversibel ablaufen, hier gibt es also keine grundsätzliche Schranke. Das Konzept des fast reversiblen Rechners wird seit einigen Jahren intensiv diskutiert (Bennett, Benioff, Fredkin, Toffoli, Landauer und Likharev).

Die zweite physikalische Grenze für Informationssysteme ist durch den immer vorhandenen Rauschpegel gegeben. Fluktuationen vergrößern im Laufe der Zeit die Unbestimmtheit und zerstören so Information. Jeder Speicher ist nach endlicher, wenn auch im allgemeinen großer Zeit leer. Thermische Fluktuationen kann man durch Übergang zu tiefen Temperaturen beliebig klein machen, und damit gewinnt auch die Kryoelektronik an Bedeutung. Die quantenmechanische Unbestimmtheit ist allerdings unvermeidlich und setzt eine prinzipielle Schranke. Eine besondere Rolle spielt dabei die Energie-Zeit-Unbestimmtheit.

$$\Delta E \cdot \Delta t \geqq \frac{\hbar}{2} \qquad (29)$$

Schließlich stellt die Begrenztheit der Signalgeschwindigkeiten durch die Geschwindigkeit des Lichtes eine wichtige Schranke für

Informationssysteme dar. Aus $v \leqq c$ folgt für die Laufzeit eines Signals über die Strecke l die Ungleichung

$$t \geqq \frac{l}{c}. \tag{30}$$

Die Laufzeiten von Signalen können gewisse Schranken grundsätzlich nicht unterschreiten, die für miniaturisierte Bauelemente von Bedeutung sind. Endliche Laufzeiten beschränken die Zeit, in der z. B. die Daten aus einem Speicher abrufbar sind.

Physikalische Grenzen für Informationssysteme haben nicht nur technisches, sondern auch großes prinzipielles Interesse. Aus der modernen mathematischen Komplexitätstheorie haben wir gelernt, daß sich der Aufwand für die Lösung vieler Probleme exponentiell mit der Anzahl der Elemente erhöht und damit sehr schnell jede verfügbare Rechnerleistung übersteigt. Vielleicht werden wir eines Tages im Ergebnis gemeinsamer mathematisch-kybernetischer und physikalischer Forschungen verstehen, welche Probleme wirklich irreduzibel komplex sind und wo die Grenzen für die Analyse komplexer Systeme liegen.

Es folgen nun einige Beispiele für physikalische Effekte, die in Informationssystemen genutzt werden. In der Frühzeit der technischen Informationsverarbeitung wurden nur mechanische und optische Multistabilität genutzt, man denke an den Abakus und an Flaggenzeichen. Multistabile elektrische Systeme bilden das Kernstück der modernen Informationsverarbeitung, die mit der Mikroelektronik einen Gipfel erreicht hat. Es gibt aber auch in elektrischen Systemen noch interessante Neuentwicklungen, wie die Josephson-Effekt-Bauelemente, mit denen man nach Angaben der japanischen Entwicklerfirma schon Verzögerungszeiten von etwa 10 ps erreicht (1 ps = 1 Picosekunde). Mit der Entwicklung schneller Halbleiterbauelemente auf GaAs-Basis konnten bei Betriebstemperaturen von 77 K allerdings auch schon ebenso kleine Verzögerungszeiten erreicht werden.

Bei Ausnutzung eines neuen Effekts, des ballistischen Elektronentransports in Submikrometer-GaAs-Schichten, kann man voraussichtlich die Schaltgeschwindigkeiten noch weiter erhöhen. Die GaAs-Elektronik besitzt offenbar gute Perspektiven, da sie die Möglichkeit bietet, monolithische Informationssysteme zu entwikkeln, die optoelektronische und Mikrowellenbauelemente integrieren. Für 1990 wird für GaAs-Informationssysteme ein Anteil von mehreren Prozent der Fertigung integrierter Systeme geschätzt.

Seit der erfolgreichen Entwicklung einer nichtlinearen Optik und damit auch multi- bzw. bistabiler optischer Systeme sind optische Informationssysteme ins Zentrum der Untersuchungen der Physiker gerückt. Man hält hier Zeitkonstanten unter 1 ps für möglich. Wegen der großen Rechengeschwindigkeit und Verarbeitungskapazität, z. B. in der Bildverarbeitung, sowie der Vorteile einer Verkabelung über Lichtleiter finden optische Rechner für spezielle Anwendungen zunehmendes Interesse.

Schließlich sind auch chemische Informationssysteme möglich: Chemische Reaktionen bieten ja einen Zoo von Nichtlinearitäten, so daß die Erzeugung von Multistabilitäten kein Problem darstellt. Von besonderem Interesse sind in dieser Hinsicht die Enzymreaktionen. Biochemiker haben gezeigt, daß man heute schon alle elektronischen Bauelemente mit geringstem Aufwand durch biochemische Reaktionen simulieren kann. Ein chemischer Computer ist aber noch nicht in Sicht. Einige Ideen dazu werden später diskutiert. Die natürliche Evolution hat hauptsächlich mit chemischen Informationssystemen gearbeitet.

Eine andere Idee, die ebenfalls durch Evolutionsbetrachtungen angeregt wurde, bezieht sich auf das Problem der Architektur und Verschaltung von hochintegrierten Informationssystemen. Bekanntlich nimmt dieses Problem immer größere Dimensionen an. Der Gedanke liegt nahe, daß die Verschaltung bei weiterer Steigerung des Integrationsgrades nur durch eine Simulation der Schaltprinzipien von Neuronennetzen gelöst werden kann. Das Prinzip besteht darin, durch fortgesetztes stochastisches Herstellen und Lösen von Verknüpfungen unter Hinzuziehung von Selektionsprinzipien zur evolutionären Ausbildung von Netzwerken mit optimalen Eigenschaften zu gelangen. Auch dazu werden im folgenden Kapitel noch genauere Ausführungen gemacht.

Mustererkennung und assoziatives Gedächtnis

Bislang haben wir physikalische Grundlagen der Informationsverarbeitungsprozesse zusammengestellt. Insbesondere wurde deutlich gemacht, daß Informationsprozesse hochentwickelte Formen der Selbstorganisation voraussetzen. Als wesentliche Bedingungen wurden besonders das Pumpen mit hochwertiger Energie und die Multistabilität, d. h. die Existenz mehrerer Attraktoren, hervorgehoben. Diese Bedingungen sollen nun an Beispielen näher ausgeführt und dabei das von John Nicolis stammende Kompressionsprinzip erläutert werden. In einer »Rohfassung« lautet dieses Prinzip, daß die »Verarbeitung« von Eingangsinformationen immer etwas mit der Verdichtung der Eingangszustände auf Attraktoren (s. S. 33) zu tun hat.

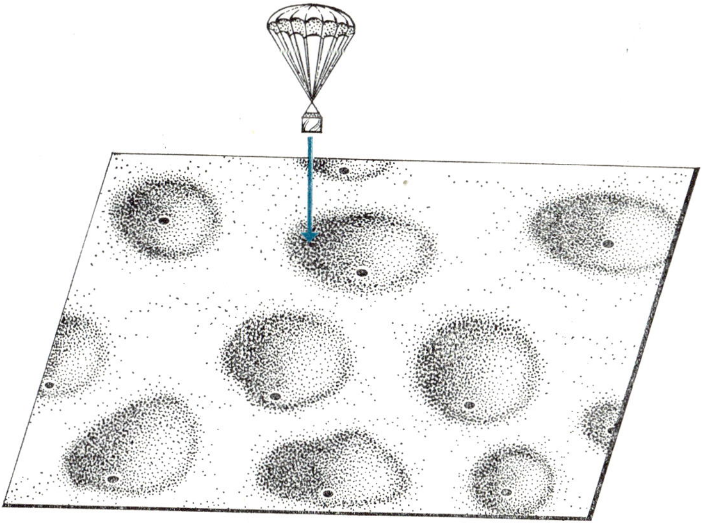

Abb. 43. Ein Fallschirmspringer, der in einem unbekannten Gelände landet, hat das Problem der Mustererkennung zu lösen.

Betrachten wir zunächst ein elementares Beispiel: Ein Objekt, wir denken z. B. an einen Flugkörper, fällt auf eine gebirgige Landschaft und soll den Landeort identifizieren (Abb. 43). Nehmen wir an, daß die »Mulden« in dieser Landschaft Namen bzw. Nummern tragen und daß der momentane Ort durch zwei Koordinaten gekennzeichnet ist.

$$q(t) = \{q_1(t), q_2(t)\}. \qquad (31)$$

Ein Gleiten im Schwerefeld $V(q_1 q_2)$, etwa auf einem Schlitten mit der Reibungskonstante ϱ, würde unser Problem lösen. Der Schlitten würde immer in einer Mulde landen, und wir könnten die Nummer bzw. den Namen des Einzugsgebiets identifizieren. Formal kann man den Prozeß durch eine »Gradientendynamik« beschreiben.

$$\frac{d q_i}{d t} = -\frac{1}{\varrho} \frac{\partial}{\partial q_i} V(q_1 q_2). \qquad i = 1, 2. \qquad (32)$$

Dieser Gleichung liegt nur die Annahme zugrunde, daß die Geschwindigkeit proportional zum Gefälle ist, das trifft für zähe Reibung bekanntlich zu.

In welchem Zusammenhang steht nun die Lösung der Aufgabe

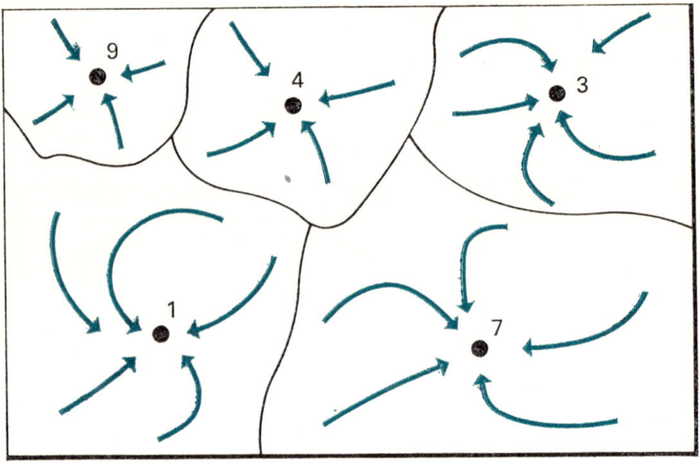

Abb. 44. Durch Erreichen der nächsten Mulde, die ein Ortsschild trägt, wird das Problem der Orientierung in der unbekannten Landschaft gelöst. Gezeigt sind die Trajektorien, die zur schnellsten Annäherung an die Minima führen (steilster Abfall).

»Identifikation des Landeortes« mit Kompression? Betrachten wir dazu die Abb. 44, in der die Trajektorien in der Landschaftsebene gezeigt werden. Wir erkennen, daß zu jedem Minimum ein Einzugsgebiet gehört. Das »Erkennen« des Landeortes ist vom dynamischen Standpunkt aus gleichbedeutend mit dem Erreichen des Minimums, d. h. des Attraktors. Eine ganze Klasse von Landeorten (Eingangsinformationen) wird jeweils auf den Attraktorpunkt zusammengezogen.

Nun ist zweifellos die oben beschriebene Aufgabe der Identifikation von Landeorten nicht gerade von überwältigender Schwierigkeit. Wenn der Leser aber das Prinzip erfaßt hat, wird er ohne Mühe auch das Lösungsschema für eine sehr schwierige und technisch bedeutsame Aufgabe erfüllen können: Handschriftliche Buchstaben, die in bezug auf die Form stark variieren, sind richtig in die Klassen A, B, C usw. einzuteilen. Alle Buchstaben der Gestalt **A**, **A**, *A* usw. sollen als zur Klasse A gehörig erkannt werden. Dieser Problemtyp – auch das automatische Lesen von Texten inklusive Handschriften gehört dazu – ist eine harte Nuß für die Computerwissenschaft.

Den entscheidenden Vorschlag zur Lösung des Problems mit Hilfe stochastischer Netzwerke publizierte 1982 Hopfield, der im

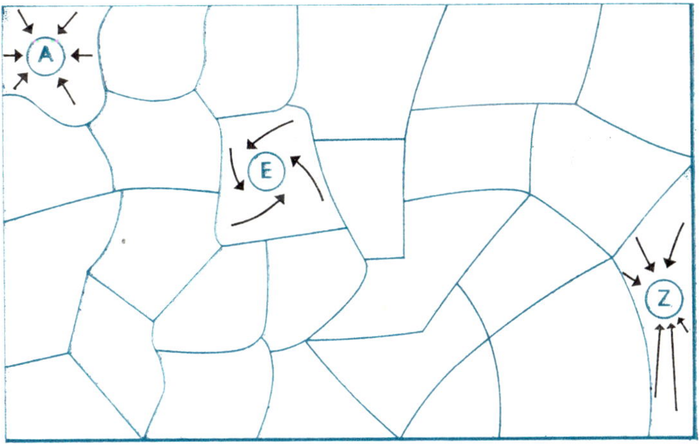

Abb. 45. Auch das Problem des Erkennens von Buchstaben ist mit der richtigen Zuordnung zu einem Attraktorgebiet verknüpft.

California Institute of Technology und in den Bell Laboratories arbeitete. Das dynamische Prinzip, das Hopfield zur Lösung der Aufgabe »Mustererkennung« benutzt, entspricht ziemlich genau dem oben geschilderten Schema: Man komprimiere viele Eingangsinformationen in Attraktoren. Ein buchstabenerkennendes System muß mindestens 26 Attraktoren haben (Abb. 45). Wo bekommen wir ein System mit vielen Attraktoren her? Die grundlegende Idee dazu kommt aus der Netzwerktheorie. Hopfields Arbeit heißt »Neurale Netzwerke und physikalische Systeme mit immanenten Fähigkeiten des Rechnens«. Die wichtigste Leistung besteht meines Erachtens darin, eine Brücke zwischen der biologischen Neuronentheorie und der physikalischen Theorie der Spingläser gefunden zu haben. Diesen Namen trägt ein spezieller Typ von magnetisierbaren Gläsern mit sehr merkwürdigen physikalischen Eigenschaften.

Die Theorie der Spingläser ist seit Jahren das Lieblingsfeld der führenden theoretischen Physiker. Aus diesem Grunde ist die physikalische Theorie hochentwickelt; es gibt fast so etwas wie eine Kultur der Spinglastheorie. Die entscheidende physikalische Besonderheit von Spingläsern gegenüber normalen Gläsern besteht darin, daß hier ein Netzwerk von Bindungskräften mit verschiedenen Vorzeichen und relativ großer Reichweite vorliegt, die weit über die nächsten Nachbarn hinausgeht.

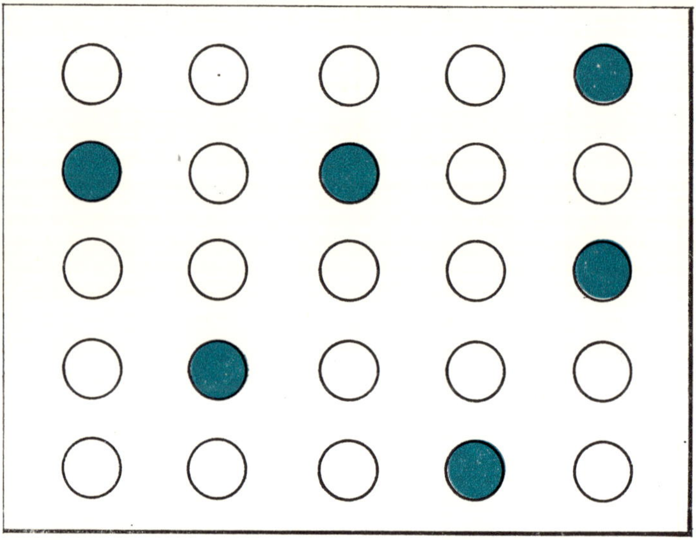

Abb. 46. Ein 5×5-Spingitter

Die Übertragung von Elementen der hochentwickelten Spinglastheorie auf Neuronennetze erwies sich als außerordentlich fruchtbar. Es konnten Netzwerkmaschinen konzipiert werden, die so interessante Eigenschaften zeigen wie assoziatives Gedächtnis, Vergessen, Verlernen, Umstrukturieren in Traumphasen usw.

Hier soll nur das Prinzip am Beispiel der Buchstabenerkennung besprochen werden. Der Grundgedanke ist folgender: Es wird ein n × n Spingitter mit den Zuständen $S_i = \pm 1$ definiert. In Abb. 46 haben wir nach oben gerichtete Spins als schwarze Punkte und nach unten gerichtete Spins als weiße Punkte dargestellt. Man ordnet nun dem System eine potentielle Energie (Hamilton-Funktion) nach folgender Vorschrift zu:

$$H = -\sum_{ij} T_{ij} S_i S_j , \tag{33}$$

woben T_{ij} die Wechselwirkungsmatrix ist.
Wir definieren die lokale Energie durch

$$H_i = -\sum_{j} T_{ij} S_j \tag{34}$$

$$H = \sum_{i} H_i S_i . \tag{35}$$

Die Spins mögen einer stochastischen Flip-Dynamik folgen: Im einfachsten Falle wird festgelegt, daß ein stochastisch herausgegriffenes Spin nach oben zu klappen ist, wenn seine lokale Energie positiv ist, und nach unten, wenn die lokale Energie negativ ist.

$$S_i \rightarrow +1 \text{ wenn } H_i > 0 \tag{36}$$

$$S_i \rightarrow -1 \text{ wenn } H_i < 0. \tag{37}$$

Diese Vorschrift ist eine diskrete Variante der früher diskutierten Gradientendynamik (Gleichung 32). Wir müssen nun die Matrix T_{ij} so festlegen, daß wir 26 Buchstaben (Muster) speichern können. Um ein spezielles Muster der Gestalt

$$S^{(1)} = (S_1^{(1)} S_2^{(1)} \dots S_n^{(1)}) \tag{38}$$

dem »Gedächtnis« aufzuprägen, wird im allgemeinen Fall nach Hopfield die Hebb-Cooper-Vorschrift

$$T_{ij} = S_i^{(1)} S_j^{(1)} \tag{39}$$

gewählt. Man kann dann zeigen, daß jeder Anfangszustand des Gitters gegen das Muster $S^{(1)}$ konvergiert. Um m Muster zu merken, wird

$$T_{ij} = \sum_{k=1}^{m} S_i^{(k)} S_j^{(k)} \tag{40}$$

gewählt. Anfangszustände in der Nähe des Musters $S^{(1)}$ konvergieren dann gegen $S^{(1)}$, und Anfangszustände in der Nähe von $S^{(m)}$ konvergieren gegen $S^{(m)}$. Das Spingitter ist in der Lage, m Muster zu erkennen. Um die 26 Buchstaben des Alphabets identifizieren zu können, haben wir $m = 26$ zu wählen und Prototypen je eines Buchstabens in Muster umzusetzen und gemäß der Vorschrift einzuspeichern. Ein Beispiel zeigt die Abb. 47. Anstelle der oben beschriebenen einfachen Flip-Dynamik vom Gradiententyp wird häufig eine Boltzmann-Dynamik verwendet mit den Übergangswahrscheinlichkeiten

$$p(S_i \rightarrow S'_i) \sim \begin{cases} \exp(-\delta H/T, & \delta H > 0 \\ 1 & , \delta H < 0, \end{cases} \tag{41}$$

wobei δH die mit der Zustandsänderung $S_i \longrightarrow S'_i$ verknüpfte Energieänderung ist.

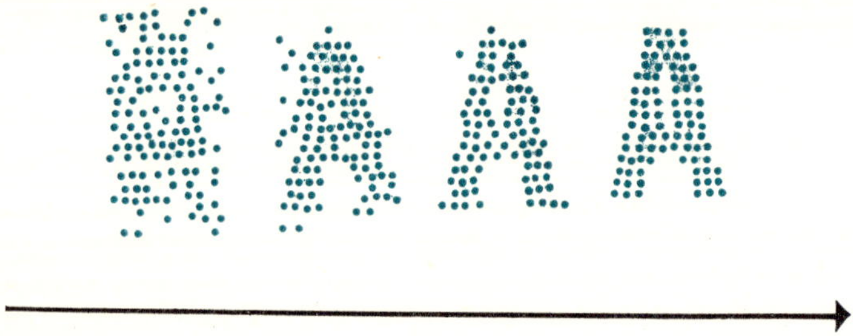

Abb. 47. Buchstabenerkennung durch ein Spingitter (nach Kinzel)

In einer großen Zahl von Arbeiten wurde inzwischen die Leistungsfähigkeit von Spingittern als assoziatives Gedächtnis nachgewiesen. Zum Beispiel können handschriftliche Buchstaben erkannt werden. Macht man die Anzahl der eingeprägten Muster zu groß ($m \gtrsim 0{,}15\ n$), gerät das Netzwerk in Konfusion, es versagt vollständig. Parisi hat eine Variante vorgeschlagen, die diesen unerwünschten Effekt vermeidet, indem beim Aufprägen neuer Muster einige der alten teilweise vergessen werden.

Man hat eine Reihe sehr interessanter Analogien des Hopfield-Netzwerkes mit dem menschlichen Gedächtnis nachweisen können – bis hin zu Effekten, die an die Rolle der Träume bei der Verarbeitung von Gelerntem erinnern (REM-Schlaf).

Das Anliegen dieses Kapitels bestand darin, dem Leser zu zeigen, daß Informationsprozesse in enger Beziehung zur Physik der Selbstorganisation stehen. Weiterhin wurde versucht, deutlich zu machen, daß die Kenntnis dieser Zusammenhänge gegenwärtig zur Lösung spezieller Aufgaben, z. B. zur Mustererkennung, genutzt wird.

Selbstorganisation als Prinzip einer künftigen Rechnergeneration?

Warum wird in der ganzen Welt intensiv nach neuen Rechnerprinzipien gesucht?

Die Generation der heute verwendeten Rechner beruht physikalisch auf elektronischen Prozessen in Siliziumchips und theoretisch auf dem von dem genialen ungarischen Mathematiker und Physiker John von Neumann entworfenen Grundschema eines Rechners.

Verharren wir ein wenig bei den Lebensdaten dieses bedeutenden, von der Wissenschaftsgeschichte noch zu wenig gewürdigten Forschers. Johann von Neumann wurde am 28. 12. 1903 als Sohn wohlhabender Eltern in Budapest geboren. Er studierte Mathematik und Physik und schloß sein Studium 1926 an der Budapester Universität erfolgreich ab. Auf Einladung von Professor von Mises, einem der Begründer der modernen Wahrscheinlichkeitsrechnung, kam er 1927 als Privatdozent an die Berliner Universität. Erinnern wir uns, daß gleichzeitig Erwin Schrödinger, der gerade die Wellenmechanik formuliert hatte, als Nachfolger von Max Planck den Lehrstuhl für theoretische Physik übernahm. Selbstverständlich besuchte der junge Mathematiker Johann von Neumann die berühmten Mittwochkolloquien im Physikalischen Institut, an denen solche Kapazitäten wie Planck, Einstein, Nernst und Schrödinger teilnahmen.

Die Faszination der gerade entstehenden Quantenmechanik erfaßte auch von Neumann, und er begann, sich an der mathematischen Begründung und dem Ausbau der Quantenmechanik zu beteiligen. Die Physik verdankt ihm die erste axiomatische Formulierung der Quantentheorie und die Begründung der Quantenstatistik. Die Grundgleichung der Quantenstatistik trägt für immer seinen Namen: Von-Neumann-Gleichung. Die bedeutenden Untersuchungen von Neumanns zur Quantenphysik sind die Grundlage für eine der ersten großen Monographien auf diesem Gebiet geworden. Im Jahre 1932 erschien im Verlag von Julius Springer Berlin sein Werk »Mathematische Grundlagen der Quantenmechanik«. Inzwischen war der Autor nach Princeton übergewechselt, wo er 1931 zum Professor an der Universität und 1933 am berühmten »Institute for Advanced Study« berufen wurde.

In den Jahren des zweiten Weltkrieges beteiligte sich von Neumann aktiv am amerikanischen Manhattan-Projekt zur Entwicklung der Atombombe. Eine mehr oder weniger zufällige Begegnung lenkte seine Interessen in eine völlig andere Richtung, auf das Projekt zum Bau des ersten elektronischen Rechners ENIAC (Electronic Numerical Integrator and Calculator). Der Mathematiker Herman Goldstine, einer der Schöpfer des ENIAC-Rechners, berichtet, daß er 1944 zufällig mit John von Neumann auf einem Bahnsteig zusammentraf und im Laufe des Gesprächs über seine Arbeit an der ENIAC berichtete. Es ist ein Beweis für die Genialität von Neumanns, daß er 1944 die Bedeutung des Elektronenrechners ebensoschnell begriff wie 1927 die der Quantenmechanik. Im August 1944 machte sich von Neumann bei einem Besuch mit dem ENIAC-Projekt näher vertraut und widmete sich fortan mit ganzer Kraft der Ausarbeitung theoretischer Grundlagen für Computer. Von 1945 bis 1955 war er der Leiter eines Elektronenrechnerprojektes des »Institut for Advanced Study« in Princeton. Es wird berichtet, daß er kurz nach Kriegsende einen Kollegen traf, der der physikalischen Grundlagenforschung auch während des Krieges treu geblieben war. Dieser Kollege erzählte von seinen Arbeiten und fragte von Neumann ironisch: »Sie interessieren sich sicher nur noch für Bomben?« Von Neumann soll geantwortet haben: »Ich interessiere mich jetzt für etwas viel Wichtigeres, für Computer!«

Es gelang von Neumann in kürzester Zeit, die wesentlichen Grundlagen der Arbeitsweise von Rechnern zu formulieren, wobei er sich insbesondere auf die Vorarbeiten des britischen Mathematikers Alan Turing stützen konnte. Das Grundprinzip des Von-Neumann-Rechners besteht darin, daß Informationsprozesse in Sequenzen binärer logischer Operationen zerlegt werden. Zumindest im Prinzip können mit Rechnern, die nach John von Neumanns Schema arbeiten, beliebige Aufgaben, für die sich ein Algorithmus finden läßt, gelöst werden.

In Anerkennung seiner überragenden Leistung bei der Schaffung des grundsätzlichen Schemas der heutigen Computer bezeichnet man diese häufig als Von-Neumann-Computer. Die Rechner, die nach einem Schema aufgebaut sind, haben eine Reihe überzeugender Vorteile, sie sind programmierbar, universell einsetzbar, zudem relativ klein und arbeiten mit hoher Geschwindigkeit. Ihre Realisierung in Hardware beruht heute auf der modernen Siliziumtechnologie. Mit Techniken der Höchstintegration kann man mehr als eine Million Schaltelemente auf einer Siliziumchipfläche von 1 cm^2 unterbringen. Die Schaltkreisentwürfe werden fotografisch stufenweise verkleinert und schließlich fotochemisch auf die Siliziumchips übertragen. Die kleinsten Strukturabmessungen, die man dabei heute technisch umsetzt, liegen bei einem tausendstel Millimeter (1 μm). Solche Strukturen lassen sich gerade noch lichtoptisch beherrschen. Strukturen, deren Abmessungen kleiner als die Wellenlänge des fotochemisch aktiven Lichtes sind, können auf diese Weise nicht mehr hergestellt werden. Durch Übergang auf kurzwelliges UV-Licht, Elektronen-, Röntgen- oder Ionenstrahlen und weitere raffinierte Ausgestaltung der Technologie wird versucht, die Strukturabmessung noch weiter herabzudrücken.

Aus heutiger Sicht nimmt man aber an, daß die Grenze der Siliziumtechnologie wahrscheinlich bei 0,1 μm liegen wird. Viele Forscher verfolgen daher die Idee, von dem jetzigen Prinzip der Herstellung dieser Strukturen, das auf der schrittweisen Verkleinerung von makroskopischen Schaltungen beruht, grundsätzlich abzugehen und das Problem von der entgegengesetzten Seite her anzupacken. Das heißt, von den kleinsten chemischen Strukturen, den Atomen und Molekülen, auszugehen und aus diesen für die Computertechnik geeignete molekulare Schaltelemente aufzubauen oder gleich die Moleküle selbst rechnen zu lassen. Wenn man bedenkt, daß der Abstand zwischen zwei Kohlenstoffatomen in einem Paraffinkohlenwasserstoff etwa 1,5 Angström, das sind $1,5 \cdot 10^{-4}$ μm, beträgt, so eröffnet sich sofort eine neue Welt der Dimensionen. Das Ziel dieser Forschungsrichtung besteht darin, den traditionellen Von-Neumann-Computer auf einer Kohlenstoffbasis (Karbonelektronik) zu verwirklichen.

Andere Forscher, z. B. Michael Conrad aus Detroit, sind noch radikaler, sie rütteln an den Wurzeln der heutigen Computertechnik, den Von-Neumann-Prinzipien. Hier liegt das Anwendungsfeld für die Prozesse der Selbstorganisation, das in diesem Kapitel analysiert werden soll. Conrad geht von einer Analyse der Grenzen moderner Computer aus, die bekanntlich mit bestimmten Aufgaben nicht schnell genug fertig werden. Beispiele hierfür sind das Erkennungsproblem, das Entscheidungsproblem in komplexen Situationen oder das Entwurfsproblem für komplexe Struk-

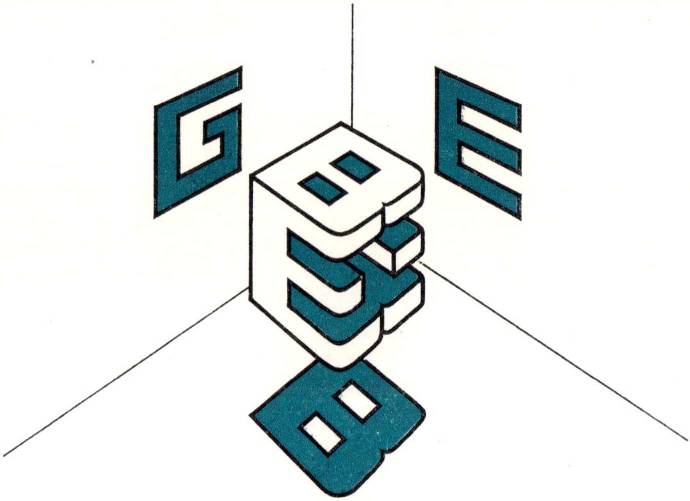

Abb. 48. Was bedeutet dieser Würfel? (Problem nach Hofstadter)

turen, zu denen auch die Chips der Mikroelektronik gehören. Als entscheidende Nachteile betrachtet Conrad die Mängel in bezug auf Lernfähigkeit, Anpaßfähigkeit, Effektivität und Störsicherheit.

Betrachten wir einige Beispiele und beginnen mit der Mustererkennung, ein Problem, das uns schon im vorangehenden Kapitel beschäftigt hat. Die Abb. 48 zeigt eine komplizierte Struktur, den sogenannten Hofstadter-Würfel. Was stellt sie dar? Sogar ein Kind würde diese Aufgabe schnell und effektiv lösen. Es würde den Würfel in die Hand nehmen, drehen und von allen Seiten betrachten; so würde es schnell die eingeschnittenen Buchstabenprofile erkennen. Im Prinzip könnte diese Aufgabe auch ein Computer lösen, der mit einem Roboter gekoppelt ist. Das entsprechende Programm wäre jedoch relativ aufwendig. Es lassen sich leicht weitere Beispiele finden: Kleine Kinder erkennen die Stimme der Mutter unter Tausenden, sie unterscheiden mühelos Tierarten, Fahrzeugtypen, können das Alter von Personen schätzen, können komplexe Situationen beurteilen und z. B. Gefahren erkennen. Die Von-Neumann-Computer können im Prinzip auch solche Aufgaben lösen, aber nur um den Preis eines hohen Aufwands, besonders an Software. Es gilt, daß Von-Neumann-Rechner zwar alles können, was programmierbar ist, aber ihr Mangel an Lernfähigkeit und Adaptivität erweist sich bei der Lösung vieler Aufgaben als Nachteil.

Wie steht es mit der Effektivität und Störsicherheit moderner Computer? Stellen wir uns vor, wir könnten in einen Chip hineinschauen und feststellen, welche Teile gleichzeitig von Elektronen durchflossen werden. Wir würden folgendes Bild gewinnen: Beim Rechenprozeß arbeiten nur etwa 10 % der Elemente eines Computers, die übrigen 90 % ruhen. Weiterhin bewirkt die harte Verdrahtung eine enorme Störanfälligkeit, jeder Eingriff bedeutet praktisch die Zerstörung des Rechnersystems. Der Von-Neumann-Rechner ist das Musterbeispiel eines von außen organisierten Informationssystems. Seine Schaltung wird vom Entwerfer vorgegeben und auf dem Siliziumchip in Form von Bauelementen und Leiterbahnen umgesetzt. Der Ausfall eines einzigen Bauelements oder die Trennung einer einzigen Leiterbahn bedeutet häufig den Ausfall des Gesamtsystems. Eine Selbstreparatur ist nicht möglich.

Wie gezeigt wurde, besitzen die allmächtigen modernen Computer auch ihre schwachen Seiten: Die biologische Informationsverarbeitung löst eine Reihe dieser Probleme scheinbar mühelos. Die biologischen Informationssysteme sind nicht das Resultat der Arbeit von Entwerfern und Ingenieuren, sondern sie sind durch Selbstorganisation entstanden. Wir wissen, daß sie effektiv, adaptiv, störsicher und selbstreparierend arbeiten. Erkennungs- und Entscheidungsprobleme werden auch von primitiven Organismen ohne weiteres gemeistert. Anpassungsfähigkeit und Lernfähigkeit sind wesentliche Eigenschaften, und durch Parallelverarbeitung der Informationen wird sehr geringe Störanfälligkeit erreicht. Die Nachteile der organismischen Informationsverarbeitung sind dagegen ihre Langsamkeit und das Fehlen von Universalität und Programmierbarkeit. Der Signaltransport erfolgt mit höchstens 100 m/s, und Lebewesen sind in der Regel hochspezialisiert, so daß sie nur spezielle Informationen verarbeiten können.

Welche Vorstellungen gibt es zur möglichen Kombination der Vorteile der Von-Neumann-Rechner und der organismischen »Rechner«? Eine gewisse Schlüssel- und Vermittlerrolle spielen dabei Biologie, Chemie und Netzwerktheorie. In den folgenden Abschnit-

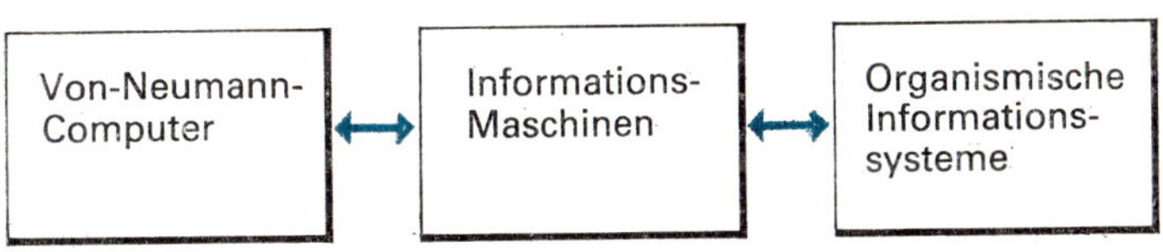

Abb. 49. Informationsmaschinen liegen zwischen den Von-Neumann-Rechnern und den Informationssystemen von Tieren oder Menschen.

ten werden diese Beiträge im einzelnen diskutiert, und es wird gezeigt, wie sie zum Konzept von Informationsmaschinen geführt haben, die in bezug auf ihre Eigenschaften irgendwo zwischen den Von-Neumann-Computern und den organismischen Informationssystemen liegen (Abb. 49).

Selbstorganisation in der biologischen Informationsverarbeitung

Viele der Rechen- und Steuerprobleme, die wir heute mit der Elektronik lösen, bewältigen die Organismen mit Hilfe elektrochemischer und biochemischer Prozesse. Unser Körper setzt nicht nur chemische Rohstoffe, wie Fette und Kohlenhydrate, zum Zwecke der Energiegewinnung um, sondern diese Reaktionen verlaufen in komplizierten, wohlgeordneten, sich selbst regelnden Netzwerken. Chemische Reaktionen steuern die Dynamik dieser Umsetzungen, schalten Reaktionen je nach Bedarf an oder aus, was sonst die Aufgabe eines Steuercomputers an einem chemischen Reaktor ist.

Die wesentlich komplizierteren Vorgänge der Informations- und Datenverarbeitung in den biologischen Meßfühlern, z. B. den Rezeptoren in den Lichtsinneszellen und im Nervensystem, basieren ebenfalls auf biochemischen Reaktionen. Die Zentraleinheit der organismischen Informationsverarbeitung sind Netzwerke, die aus Neuronen, den Nervenzellen, bestehen. Zu den ersten Untersuchungen über die Struktur von Nervenzellen zählt die an der Berliner Universität im Laboratorium von Johannes Müller angefertigte Dissertation von Hermann Helmholtz, die schon im 4. Studienjahr erfolgreich verteidigt wurde und für die damalige Zeit eine mikroskopisch-anatomische Meisterleistung war.

Wir besitzen heute sehr detaillierte Kenntnisse über die Struktur von Neuronen und wissen, daß der eigentliche Zellkörper mit dem Zellkern einen Schwanz (Axon) besitzt, dessen Länge zwischen 1 mm und 1 m liegen kann, und weiterhin zahlreiche Fortsätze (Dendriten), die mit Nachbarzellen über Schnittstellen (Synapsen) Kontakte herstellen können (Abb. 50). Ein Neuronensystem erinnert den Physiker an ein kompliziertes elektrisches Netzwerk. Die Dendriten sind sozusagen die Input-Kanäle des Neurons; hier werden (postsynaptisch) die Erregungen von anderen Neuronen aufgenommen. Der Zellkörper wirkt integrierend, in Abhängigkeit von der Stärke der Eingangserregungen kann er in relativer Ruhe verharren oder elektrische Impulse aussenden, die

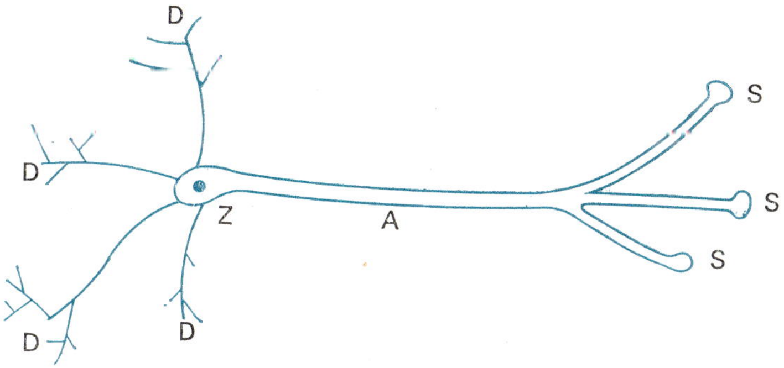

Abb. 50. Schema einer Nervenzelle mit dem Zellkörper (Z), dem Axon (A), den Dendriten (D) und den Synapsen (S)

das Axon entlang wandern und über Synapsen an die Dendriten anderer Neuronen koppeln. Durch die synaptische Verknüpfung entstehen Schaltstrukturen, die einen sehr hohen Komplexitätsgrad aufweisen.

Das menschliche Zentralnervensystem enthält etwa 10^{11} Neuronen und wahrscheinlich mehr als 10^{14} synaptische Verbindungen. Jedes Neuron unterhält nämlich viele Hunderte oder Tausende synaptischer Kontakte, über die es mit anderen Neuronen oder Rezeptoren im Informationsaustausch steht. Im Verlauf der Ontogenese des Gehirns entstehen immer neue Neuronen, und es vollzieht sich eine Selbstorganisation der synaptischen Verbindungen. Durch ständiges Knüpfen und Lösen von synaptischen Kontakten werden günstige funktionsgerechte Strukturen erzeugt, die schließlich fest »verdrahtet« werden. Geeignete Neuronen überleben, andere sterben ab, es wirken Selektionsprinzipien. Es kann nicht unsere Aufgabe sein, in die anatomischen und physiologischen Details der Struktur und Funktion von Neuronen und Nervennetzen einzudringen. Wir müssen uns auf einige Grundzüge beschränken, sowie auf eine Diskussion neuerer Ansätze zu ihrer technischen Nutzung.

Zunächst interessieren die Informationsaufnahme in Rezeptoren und ihre Verarbeitung durch verschaltete Neuronen. Die Organismen haben für die Analyse und Verarbeitung der auf sie einwirkenden Umweltreize spezielle Sinnesorgane, die Rezeptoren, entwickelt. Am besten untersucht ist wohl die Struktur des Lichtrezeptors, und es hat nicht an Versuchen gefehlt, die gewonnenen Erkenntnisse in technische Systeme der Bildanalyse umzusetzen. So hat man z. B. das Prinzip der Kontrastverschärfung technisch nachgeahmt. Ganz grob kann folgende Reihenfolge der biologischen Reizverarbeitung angegeben werden:

1. chemischer Filterstoffwechsel,
2. Erzeugung eines Generator- oder Rezeptorpotentials,
3. Auslösung von Impulsfolgen, die in Nervenfasern fortgeleitet werden.

Hierbei erfolgt eine Digitalisierung. Die Höhe des Rezeptorpotentials, die ein Maß für die subjektive Empfindung der Reizstärke darstellt, wird in Impulsfolgen umgesetzt. Hohe Frequenz der aufeinanderfolgenden Impulse bedeutet eine hohe Reizintensität. Die Nervenstränge gelangen zumeist nicht direkt bis ins Zentralnervensystem, sondern sie enden an einer Synapse. Die Synapsen stellen Schaltstellen dar, an denen die Übertragung der Erregung an das nächste Neuron erfolgt. An den Synapsen bewirkt jeder ankommende Impuls die Freisetzung einer definierten Menge eines Erregerstoffes, eines sogenannten Neurotransmitters. Über komplizierte chemische Umsetzungen wird wieder ein Generatorpotential aufgebaut und eine Impulsfolge ausgelöst.

Obwohl viele der elektrischen und chemischen Vorgänge im einzelnen schon aufgeklärt wurden, fehlt uns noch weitgehend das Verständnis für das Zusammenwirken der Neuronen. Beispielsweise wurde eine ganze Reihe fotomechanischer Reaktionen des Sehpurpurs entdeckt. Die Leistungen des Auges bezüglich der Messung der Lichtintensität und ihrer zeitlichen Veränderung sind aber erst zu verstehen, wenn wir die Dynamik, d. h. den zeitlichen Verlauf, der durch den Reiz ausgelösten elektrischen und chemischen Reaktionen kennen. Die Rezeptoren messen im allgemeinen gleichzeitig die Intensität des Reizes und dessen zeitliche Veränderung. Darüber hinaus können sie sich in ihrer Antwortfunktion auf die Reizintensität einstellen (Adaption). Dank dieser Fähigkeit erweitern sie ihren Meßbereich. Es liegen Hinweise dafür vor, daß bereits der primäre chemische Filterstoffwechsel diese Eigenschaften besitzt. Um derartige Eigenschaften mit Hilfe chemischer Reaktionen zu modellieren, wird eine besondere Klasse von chemischen Reaktionen, die sogenannten autokatalytischen Reaktionen, benötigt.

Wie bereits im Kapitel »Prozesse der Selbstorganisation« dargelegt wurde, zeichnen sich autokatalytische Reaktionen dadurch aus, daß ihr Reaktionsprodukt beschleunigend auf den Verlauf der Reaktion einwirkt. Wie Lothar Kuhnert gezeigt hat, kann durch eine geeignete Zusammenschaltung chemischer Reaktionen mit einem autokatalytischen Teilabschnitt das Verhalten von Rezeptoren modelliert werden. Mit einfachen Mitteln der anorganischen Chemie gelang damit eine experimentelle Modellierung dieser theoretischen Ergebnisse. Die komplexen Leistungen der biologischen Informationsverarbeitung ergeben sich aber erst durch das Zusammenschalten solcher relativ einfachen Elementarbausteine wie der Rezeptorzellen an den Synapsen. Wie bereits gesagt, besteht das menschliche Zentralnervensystem aus etwa 10^{11} Neuronen. Die Anzahl der synaptischen Verbindungen zwischen all diesen Neuronen ist schätzungsweise noch um den Faktor 1 000 größer.

Eines der wesentlichen Merkmale neuronaler Netzwerke ist die Konvergenz-Divergenz-Schaltung: Jedes einzelne Neuron erhält über seine synaptischen Eingänge von vielen anderen Neuronen oder Rezeptoren Informationen (Konvergenz), »verrechnet« diese und verteilt sie über seine Nervenstränge auf eine Vielzahl weiterer Neuronen (Divergenz). Die große Leistungsfähigkeit der biologischen Informationsverarbeitung wird durch ein hohes Maß an Redundanz erreicht, durch zahlreiche parallel arbeitende Neuronen. Die Störanfälligkeit des Nervensystems wird weiterhin durch Regelkreise sowie durch die Fähigkeit zur Selbstoptimierung und zur Umorganisierung von Funktionsabläufen vermindert. Man nennt all diese Formen der Anpassungsfähigkeit »Plastizität«.

Viele neuronale Verschaltungen sind nicht so absolut fest verdrahtet wie in unseren herkömmlichen Computern. Besonders während der Ontogenese (Individualentwicklung) können sich Verbindungen neu bilden oder lösen. Man hat geschätzt, daß der Bauplan des Zentralnervensystems mit seiner gigantischen Komplexität von Verschaltungen nicht in allen Details in unseren Erbanlagen fixiert sein kann. Damit ist bewiesen, daß Elemente der Selbstorganisation bei seiner Herausbildung wirken. So wurde auch das Gehirn Gegenstand der Physik der Selbstorganisation oder Synergetik, und es existiert bereits eine Reihe von Monographien über diesen Gegenstand.

Obwohl die Komplexität der neuronalen Verschaltungen praktisch unübersehbar groß ist, beruht sie wahrscheinlich auf wenigen Elementarmechanismen. Solche Elementarvorgänge sind z. B. Erregung und Hemmung sowie Selektionsmechanismen. Beispielsweise kann man verstehen, wie ein Neuron, das in einer Konvergenzschaltung Information von zwei anderen Neuronen empfängt, die Grundrechenarten Addition, Subtraktion oder Multiplikation realisiert und das Resultat in einer Divergenzschaltung weiterleitet. Über ein solches elementares Zusammenwirken von zwei benachbarten Rezeptoren wird beispielsweise ein Mechanismus realisiert, den man laterale Inhibierung nennt und der zur Kontrastverstärkung führt. Auf diese Weise kann unser Auge Kontraste an einer Hell-Dunkel-Grenze stärker wahrnehmen, als sie der Abbildungsschärfe nach den Gesetzen der geometrischen Optik auf der Netzhaut entsprechen. Da man einige dieser elementaren Mechanismen in ihrem prinzipiellen Funktionsablauf aufgeklärt hat und weiß, daß diese Funktionen nicht an die spezielle »Neurochemie« gebunden sind, wurden Vorschläge erarbeitet, um mit Hilfe von anderen chemischen oder biochemischen Reaktionen »rechnende Reaktionsnetzwerke« zu konstruieren. Man kennt eine ganze Anzahl von Reaktionen, mittels derer alle Elemente klassischer Rechner, wie Bistabilität, Verstärkerschaltungen und anderes, realisiert werden können, und man hat Vorstellungen über das Zusammenschalten dieser Elemente entwickelt.

Allerdings scheint das Zusammenschalten der einzelnen Elemente der neuralgische Punkt zu sein. Wir haben ja gesehen, daß die immensen Leistungen der biologischen Informationsverarbeitung gerade auf der Komplexität und »Plastizität« des Schaltplanes beruhen. Auf mögliche Beiträge der Chemie wird im nächsten Abschnitt näher eingegangen. Hier sollen noch einmal, stark vergröbert, die wichtigsten Ergebnisse dieses Abschnitts über das System der Informationsverarbeitung im Zentralnervensystem von Tieren zusammengefaßt werden:

1) Das organismische Informationssystem ist hierarchisch gegliedert, dabei treten ganz grob die Ebenen Rezeptorzellen (Input-Ebene), internes Neuronennetz (Rechenebene) und Effektorzellen (Output-Ebene) auf.

2) Die Einheiten des Systems, die Neuronen, sind bistabile dynamische Systeme mit den Zuständen relativer Ruhe oder Feuern sowie einer großen Zahl dynamischer Kopplungen mit dem Zustand anderer Neuronen.

Eine graphische Darstellung dieses Schemas zeigt die Abb. 51. Wir betonen, daß die realen organismischen Informationssysteme der Tiere sehr viel komplizierter als dieses vereinfachende Schema sind.

Heute versuchen Computerexperten gemeinsam mit Neurowissenschaftlern, Biologen, Chemikern und Physikern, immer tiefer in die Geheimnisse dieser biologischen Steuersysteme einzudringen, um deren prinzipielle Arbeitsweise verstehen und um diese Prinzipien dann technisch umsetzen zu können.

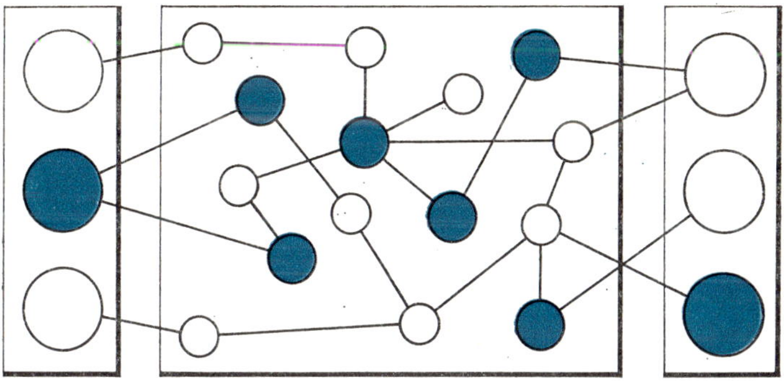

Abb. 51. Schema der drei Ebenen eines organismischen Informationssystems

Welche Beiträge zur Informationsverarbeitung durch Selbstorganisation offeriert die Chemie?

Das elementare Schaltelement in den Siliziumchips stellt der Transistor dar. Er ist ein Verstärkerelement. Alle komplizierten Funktionen unserer Computer werden im wesentlichen durch Kombination von Transistorfunktionen realisiert. Beispielsweise kann man mit Hilfe zweier Transistoren ein bistabiles Schaltelement konstruieren, das die Basis für die digitale binäre Informationsverarbeitung und Speicherung abgibt.

Vor kurzem gelang es, einen chemischen Transistor herzustellen. Er ähnelt in seiner äußeren Gestalt und in den Abmessungen noch sehr den Halbleiterbauelementen, die Schaltfunktionen werden aber von nichtlinearen chemischen Reaktionen übernommen. Dieses erste Beispiel kann natürlich noch nicht mit den eingeführten Si-Chips konkurrieren. Es ist aber ein Anfang gemacht. Bekanntlich gibt es auch physikalische Alternativen zum Transistor, die auf miniaturisierten Halbleiterlasern und auf nichtlinearen optischen Effekten basieren. Wir wollen diese Richtung hier nicht weiter verfolgen, sondern später noch einmal darauf zurückkommen.

Kehren wir zur Chemie zurück. Während der oben erwähnte chemische Transistor sich in seinem Design noch sehr an die bekannten Chips anlehnt, werden auch prinzipiell neue Lösungen auf der Basis chemischer Reaktionen diskutiert. So wurden Vorschläge zur Synthese von einzelnen Molekülen gemacht, die wie Halbleiterbauelemente analoge Schaltfunktionen ausführen. Beispielsweise könnte eine molekulare Diode aus einem Molekül bestehen, das einen Donatorbaustein, der relativ leicht ein Elektron abgibt, und einen Akzeptor, der das Elektron aufnimmt, umfaßt. Donator und Akzeptor müßten durch einen isolierenden Molekülteil voneinander getrennt werden, der von dem Elektron nur bei Anlegung eines äußeren elektrischen Feldes durchtunnelt werden kann. Die berechnete Kennlinie eines derartigen Moleküls hat tatsächlich die Form wie die einer Halbleiterdiode. Eine experimentelle Bestätigung dieses Vorschlags steht allerdings noch aus.

Wir kommen damit zu einigen grundsätzlichen technologischen Problemen. Wenn die elektronischen Elementarbausteine Moleküldimensionen besitzen, so benötigen wir eine Technik, die es gestattet, diese Moleküle in geeigneter Weise zu synthetisieren und sie räumlich in der gewünschten Weise anzuordnen. Wie sollen die einzelnen Bausteine miteinander verschaltet werden? Kann man sich hierfür »molekulare Drähte« vorstellen? Zur Lösung einiger dieser Probleme hatte die Chemie bereits Techniken entwickelt, bevor der Chemocomputer ins Gespräch kam, und interessanterweise trifft man in der Natur auf analoge Prinzipien. Es handelt sich um die Merrifield-Festphasensynthese von Proteinen und die Langmuir-Blodgett-Technik zum Aufbau von definierten molekularen Bauelementen.

Die Synthese von Proteinen, die sich durch eine Folgesequenz von verschiedenen Aminosäuren auszeichnen, bereitete bei der üblichen chemischen Arbeitsweise große Schwierigkeiten und ist sehr zeitaufwendig. Schrittweise mußte nach jeder Kondensationsstufe das Reaktionsprodukt isoliert, gereinigt, neu aktiviert und mit der Aminosäure umgesetzt werden. Bei der Festphasensynthese wird das Anfangsglied an ein unlösliches Polymer gebunden, und man läßt nacheinander die verschiedenen Reagenzien und Reinigungsflüssigkeiten einwirken. Das fertige Produkt wird dann chemisch von der festen Phase abgesprengt. Mit diesem Prinzip hofft man, definierte chemische »Computermoleküle« herzustellen bzw. diese gleich auf einen chemischen Schaltkreis zu fixieren.

Die Langmuir-Blodgett-Technik wird seit langem in der Grenzflächenchemie verwendet. Sie nutzt die Tatsache, daß sich Moleküle, die aus einem hydrophilen und einem hydrophoben Teil bestehen – Seifen sind beispielsweise derartige Substanzen –, an der Grenzfläche Wasser-Luft in definierter Weise zu einem monomolekularen Film derartig anordnen, daß sie ihre hydrophile

Kopfgruppe ins Wasser stecken und die hydrophoben Schwänze der Luft zuwenden. Diese wohlgeordneten molekularen Schichten lassen sich durch Eintauchen auf feste Unterlagen übertragen. Auf diese Weise kann man nacheinander in molekularen Dimensionen Donator-, Isolator- und Akzeptorschichten aufbauen.

Schwieriger gestaltet sich die leitende Verschaltung der einzelnen Bauelemente. Hierfür werden Solitonen als Informationsträger in die Diskussion gebracht. Solitonen sind wellenartige Strukturen, die bei nichtlinearen Erscheinungen auftreten können. Sie sind eine spezielle Form der Selbstorganisation und stehen heute im Mittelpunkt des Interesses von Theoretikern und Experimentatoren.

Solitonen wurden zuerst im vorigen Jahrhundert bei Wasserwellen in einem Kanal entdeckt, aber auch Lichtwellen in einer Glasfaser können, wenn die Intensitäten so hoch sind, daß nichtlineare Effekte ins Spiel kommen, Solitonencharakter annehmen. Solitonen zeigen im Unterschied zu den klassischen Wellen keine ideale Superposition und dementsprechend keine Interferenzerscheinung. Treffen zwei Solitonen aufeinander, so breiten sie sich nach der Wechselwirkung mit gleicher Geschwindigkeit und Amplitude weiter aus.

Interessant ist, daß man in der Desoxyribonukleinsäure (DNS), der Substanz also, in der die biologischen Erbinformationen gespeichert sind, neuerdings Solitonen experimentell nachgewiesen hat. Diese Entdeckung wird sicherlich diejenigen Chemocomputerforscher ermutigen, die am Reißbrett schon ganze Serien von Molekülen entworfen haben, die sich für eine Solitonentechnologie als Leiter, Detektor, Schalter, Verstärker, Generator oder Speicher eignen sollen. Ihre experimentelle Realisierung steht aber noch aus.

Wir können festhalten, daß konkrete Vorschläge vorhanden sind, auf der Basis von nichtlinearen chemischen Reaktionen einen Von-Neumann-Rechner mit wesentlich höherer Packungsdichte als heute möglich zu bauen. Die Chemie bietet aber noch mehr. Es handelt sich um eine spezielle Klasse chemischer Reaktionen, die Selbstorganisation zeigen. Auf die Grundzüge solcher strukturbildenden Reaktionen wurde bereits im zweiten Kapitel eingegangen. Tragen wir nun noch einiges zu ihrer ungewöhnlichen Entdeckungsgeschichte nach.

In den fünfziger Jahren wurde in Moskau durch den Chemiker Boris Belousov eine chemische Reaktion entdeckt, die nicht wie üblich monoton ablief, sondern periodisch. In regelmäßigem Wechsel änderte sich die Farbe der Lösung im Reagenzglas. Eine chemische Uhr war gefunden. Diese Entdeckung war so ungewöhnlich und für viele Experten geradezu unglaubhaft, so daß drei Redaktionen von wissenschaftlichen Zeitschriften eine Veröffentlichung ablehnten. Es fanden sich aber Enthusiasten, darunter Professor Simon Schnol und sein Schüler Anatoli Zhabotinsky, die die Erforschung dieser ungewöhnlichen Erscheinung vorantrieben.

Wesentliche Beiträge zur Erforschung der »Belousov-Zhabotinsky-Reaktion« leisteten die Forscher Zaikin, Krinsky und Ivanizky. Im Jahre 1980 wurden diese Arbeiten dann schon mit der höchsten wissenschaftlichen Auszeichnung der Sowjetunion geehrt. Weltweit wird heute intensiv die Erforschung dieser oszillierenden Reaktionen betrieben. Noch 1975 schrieb ein amerikanischer Forscher, diese Erscheinungen werden so lange Laborkuriositäten bleiben, bis man eine technische Anwendung gefunden hat. Heute sind diese Anwendungen schon in Sicht.

Eine wichtige Motivation für die Erforschung dieser ungewöhnlichen chemischen Erscheinungen ergab sich bald daraus, daß man in ihnen ein bequemes chemisches Modell für viele biologische Vorgänge fand. So lassen sich mit relativ einfachen anorganischen und organischen chemischen Systemen viele kinetische Verhaltensweisen von biologischen Rezeptoren im Reagenzglas nachvollziehen, wie Auslösung und Fortpflanzung von Impulsen, Schalt- und Verstärkereffekte und Adaption. Man fand heraus, daß diese grundsätzlichen Eigenschaften biologischer Systeme nicht an die komplizierten chemischen Spezies unserer biologischen Umwelt, die Eiweißkörper, Neurotransmitter und andere, gebunden sind, sondern daß die Dynamik des zeitlichen Ablaufs und das Zusammenwirken einzelner chemischer Substanzen über Rückkopplungen entscheidend sind.

Eine dynamische Informationsspeicherung in derartigen chemischen Systemen wurde von Lothar Kuhnert (1986) realisiert (Abb. 52). Kuhnert projizierte auf das lichtempfindliche chemisch-aktive Medium ein Zeichen, den Buchstaben K. Bei »normalen« chemischen oder physikalischen Bildaufzeichnungsverfahren, wie bei der Fotografie, verändert das Material durch Belichtung einmalig seine Eigenschaften, und wir haben damit die Information aufgeprägt, die wir später wieder abrufen oder bei reversibel arbeitenden Materialien auch löschen können. Unser System arbeitet aber raffinierter. Es speichert die Information nicht nur einfach, sondern verarbeitet sie auch gleichzeitig. Bild 1 wurde wenige Sekunden nach der Projektion des Buchstaben aufgenommen. Die folgenden Bilder jeweils wieder im Abstand von fünf Sekunden. Wir sehen auf Bild 2, daß die Kontur des Buchsta-

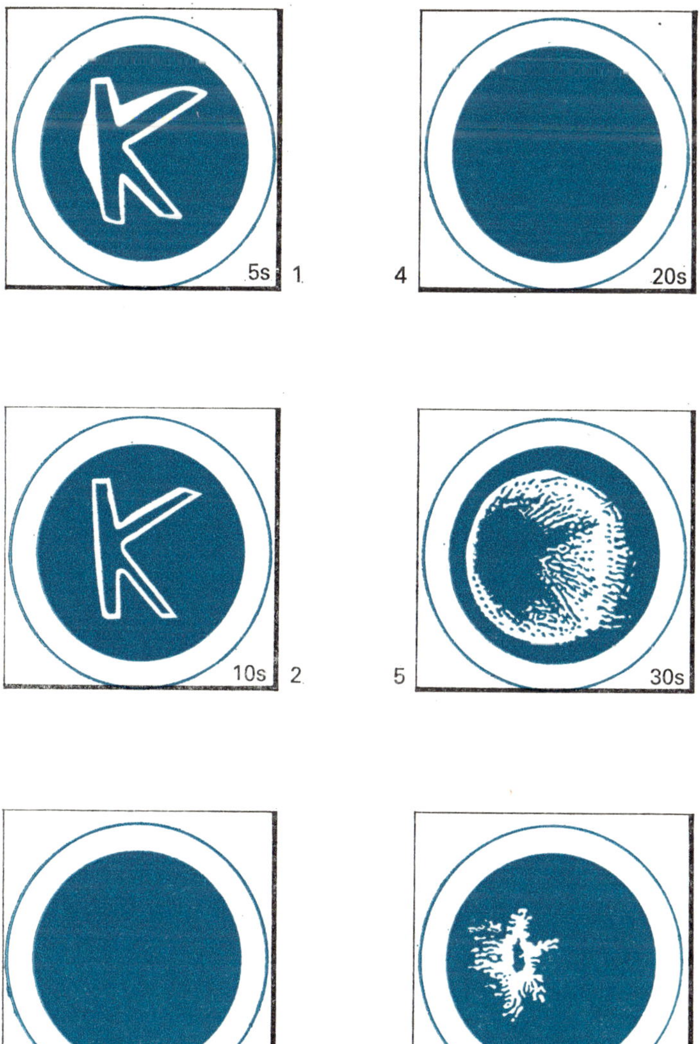

Abb. 52. Dynamische Informationsverarbeitung mit Hilfe chemischer dissipativer Strukturen (nach Kuhnert)

bens gut erhalten geblieben ist, daß er sich aber selbständig verkleinert hat. Im Original handelt es sich um Farbreaktionen, die hier nur schematisch schwarzweiß wiedergegeben werden können. Auf Bild 3 ist der Buchstabe nur noch schwach angedeutet. Er erscheint aber plötzlich weiß, während er auf den ersten beiden Bildern schwarz war.

Das Positiv des ersten Bildes hat sich selbständig in ein Negativ verwandelt. Auf dem vierten Bild ist optisch keine Information mehr wahrzunehmen. Aber warten wir ab! Unsere aufgeprägte Information erscheint auf dem fünften Bild wieder als Positiv und wandelt sich nochmals selbständig in ein Negativ auf den folgenden Abbildungen um. Wir haben es hier mit einem oszillierenden chemischen Medium zu tun, dessen Verhalten durch Belichtung beeinflußt werden kann und das die fotochemisch aufgeprägte Information speichert und gleichzeitig verarbeitet, so daß wir zeitlich nacheinander z. B. wahlweise ein Positiv oder Negativ abrufen können. Wir sehen gleichzeitig, daß die aufgeprägte Information nicht auf das belichtete Areal beschränkt bleibt, sondern sich als Reaktionswelle ausbreitet.

Man nennt derartige chemische Reaktionswellen auch Autowellen. Sie sind nicht auf chemische Reaktionen beschränkt. Autowellen treten auch bei Flammenfronten und bei der Reizfortleitung im Nervensystem auf. Nachdem wir oben mit den Solitonen schon einen eigentümlichen Wellentyp kennengelernt haben, sollen zwei Eigenschaften der Autowellen erwähnt werden. Autowellen löschen sich gegenseitig aus. Darauf ist zurückzuführen, daß auf Bild 4 kein Buchstabe mehr zu erkennen ist. Weiterhin breiten sich Autowellen mit konstanter Form und Amplitude aus, das ist für die Signalübertragung im Nervensystem von besonderer Bedeutung. Die auf den Bildern sichtbaren chemischen Autowellen resultieren aus dem Zusammenwirken von chemischen Reaktionen und Diffusion.

Man hat festgestellt, daß sowohl die Reizfortpflanzung in einzelnen Nervensträngen als auch die Ausbreitung von Erregungswellen in größeren Bezirken des Gehirns Autowellencharakter haben. Die grundlegenden Eigenschaften der Autowellen lassen sich anhand chemischer und physikalischer Beispiele experimentell und theoretisch studieren. Von der Anwendung dieser Kenntnisse auf das Studium der Gehirnprozesse, insbesondere auf die Vorgänge der Informationsverarbeitung und Speicherung im Kurzzeitgedächtnis, erwartet man neue Ergebnisse.

Beispielsweise ist bekannt, daß das menschliche Kurzzeitgedächtnis nach dem Prinzip eines dynamischen Speichers arbeitet. Wie wir am Beispiel der Speicherung des Buchstaben K in einem chemischen Autowellensystem oben sehen konnten, ist es möglich, einen derartigen dynamischen Speicher experimentell rein chemisch zu realisieren. Im letzten Abschnitt dieses Kapitels wird über Realisierungen durch elektrische Netzwerke berichtet.

Vorläufig ist festzuhalten, daß die chemischen Beiträge zu neuen Prinzipien der Rechentechnik auf zwei Ebenen liegen können. Zum einen in der Entwicklung neuer Strukturelemente auf molekularer Ebene, die die Abmessungen der Bauelemente wesentlich verkleinern können, und zum anderen gibt es chemische Systeme mit komplizierter Dynamik, die komplexe Funktionsabläufe direkt abbilden können.

Damit wären wir an einem Punkt angelangt, wo über die grundsätzlichen Prinzipien, nach denen unsere heutigen Computer arbeiten, nachgedacht werden sollte. Wir folgen hierbei den Gedankengängen des bereits oben erwähnten amerikanischen Computerexperten Michael Conrad.

Conrads Kostenprinzip: Netzwerkmaschinen als Kompromißlösung!

Der führende amerikanische Computerwissenschaftler Michael Conrad aus Detroit hat in den letzten Jahren ein fundamentales Prinzip ausgearbeitet: Kostenprinzip hat er seine Überlegungen genannt. Er geht aus von einigen grundsätzlichen Überlegungen über das Gemeinsame und die Unterschiede zwischen den Vorgängen beim Rechnen in Von-Neumann-Computern und in unserem Gehirn. Keine Angst, wir wollen diese hier nicht im Detail wiederholen, sondern nur kurz das Resultat mitteilen, das ebenso einfach wie verblüffend ist. Es ist mit dem simplen Satz, dessen Wahrheit wir in vielen anderen Situationen unseres täglichen Lebens notgedrungen akzeptieren müssen, zusammenzufassen: Man kann nicht alles gleichzeitig haben!

Die entscheidenden Eigenschaften, die wir von einem Rechner erwarten, sind: Programmierbarkeit, Effektivität, Anpassungsfähigkeit (Lernfähigkeit). Aus grundsätzlichen theoretischen Überlegungen heraus läßt sich begründen, daß man nicht alle drei erwünschten Eigenschaften gleichzeitig optimieren kann. Verbessert man z. B. in einem Computer die Anpassungsfähigkeit durch teilweise Parallelverarbeitung der Daten, muß man Nachteile bezüglich der effektiven Programmierbarkeit in Kauf nehmen. Natürlich versucht die Computerwissenschaft, in erster Linie die heutigen Computer weiterzuentwickeln, und die Reserven dazu sind noch lange nicht ausgeschöpft. Es wurde aber auch die Hypothese aufgestellt, daß man dabei an eine grundsätzliche Schranke stoßen wird.

Man kann die Situation so charakterisieren, daß der Von-Neumann-Computer optimale Eigenschaften bezüglich der Programmierbarkeit mit all ihren Merkmalen aufweist. Es existieren Programmiersprachen. Die Maschine ist effektiv und strukturell programmierbar, und sie ist universell. Die Signale werden in den elektronischen Bauelementen mit Lichtgeschwindigkeit fortgeleitet. Für alle Probleme, die sich auf überschaubare Programme zurückführen lassen, sind damit unsere heutigen Computer das ideale Hilfsmittel, und es besteht keine Veranlassung, sie für diese Probleme durch andere Maschinen zu ersetzen.

Es wird nun von Conrad vermutet, daß ein alternatives Rechnerprinzip möglich ist, das auf Programmierbarkeit zugunsten hoher Effizienz und Anpaßbarkeit verzichtet, und daß biologische Systeme für diese Domäne optimiert sind.

Es kommt dabei nicht so sehr auf die Geschwindigkeit an. Die Signalgeschwindigkeit, d. h. die Geschwindigkeit der Reizfortleitung im Nervensystem, beträgt nur etwa 100 m/s und ist damit weitaus geringer als die Lichtgeschwindigkeit. Trotzdem vermögen biologische Systeme Probleme zu lösen, wie oben erwähnte Erkennungsprobleme, Entscheidungsprobleme in komplexen Situationen, mit denen unsere heutigen Computer nur schwer oder gar nicht fertig werden. Ein Trend besteht deshalb darin, die grundlegenden Prinzipien, nach denen die Informationsaufnahme und -verarbeitung in den Organismen erfolgt, zu erforschen und die Möglichkeiten ihrer Umsetzung in technische Systeme zu erkunden. Obwohl hierzu bereits viele Einzeltatsachen bekannt sind, stehen wir bezüglich des Verständnisses der eigentlichen Organisationsformen erst am Anfang.

Es hat auch in der Vergangenheit nicht an Versuchen gefehlt, einfache Modelle für Neuronennetze aufzustellen. Wir erwähnen unter anderen die zellulären Automaten von Neumanns, die Netze mit lateraler Inhibierung nach Reichardt, die homogenen Schichten von Marko und die Idee vom rechnenden Raum nach Zuse, die Wunsch ausgebaut hat. Weiterhin müssen wir in diesem Zusammenhang die Lernmaschine von Steinbuch und das sogenannte Perzeptron nach Rosenblatt, Minsky und Papert nennen. Ein Durchbruch wurde mit den seit wenigen Jahren erprobten stochastischen Netzwerkmaschinen erzielt.

Das Schema der Netzwerkmaschinen schließt sich an die auf den

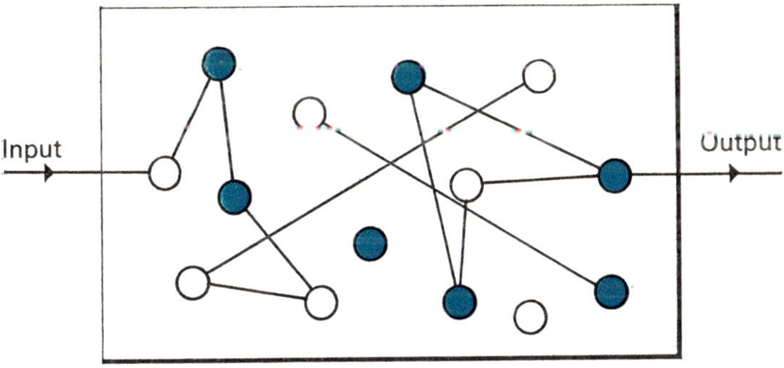

Abb. 53. Schema einer Netzwerkmaschine

Seite 78 ff. dargestellten Grundzüge der organismischen Informationsverarbeitung im Nervensystem von Tieren an. Wir erläutern zunächst den allgemeinen Begriff der stochastischen Netzwerkmaschine und gehen dann noch näher auf Boltzmann-Maschinen ein.

Eine stochastische Netzwerkmaschine besteht schematisch aus einem System von n Elementen, die stochastisch miteinander verknüpft werden können (Abb. 53). Das System besitzt einen Eingang, einen Ausgang und eine innere stochastische Dynamik. Jedem Netzwerk kann ein farbiger Graph zugeordnet werden; die den Kanten zugeordnete Matrix heißt synaptische Matrix. Die Farbe des Knotens bezeichnet den internen Zustand, z. B. EIN oder AUS. Die Verknüpfungen sollen variabel sein und einer bestimmten Dynamik folgen. In der Regel hat das System eine schnelle stochastische Dynamik und eine langsame adaptive Dynamik (Prinzip der Doppeldynamik nach Conrad). Weitreichende Kopplungen werden ausdrücklich zugelassen. Systeme dieses Typs haben unter anderem in der Kybernetik, der Physik, der Theorie elektrischer Netzwerke, der Theorie linearer Filter, der Theorie der Neuronensysteme schon eine gewisse Tradition.

Der Vater der Netzwerktheorie ist bekanntlich Gustav Robert Kirchhoff (1824–1889), der zwischen 1845 und 1847 an der Königsberger Universität seine berühmten Strom- und Spannungssätze formulierte. Für die spezielleren Modelle, die hier betrachtet werden, sind die Modelle von Steinbuch, McCulloch und Pitts, von Grossberg, von Rosenblatt und Minsky, von Hinton und Sejnowski sowie von Kirkpatrick und Huberman von besonderer Relevanz.

Auch die enge Beziehung der betrachteten stochastischen Netzwerke zur Theorie stochastischer zellulärer Automaten verdient Erwähnung, die, wie schon gesagt, wiederum auf von Neumann zurückgeht, auf seine im September 1948 gehaltene Vorlesung »The General and Logical Theory of Automata«. Trotz vieler Gemeinsamkeiten mit klassischen gut untersuchten Netzwerktypen gibt es eine Reihe von Besonderheiten der hier betrachteten Netzwerke, die in Folgendem bestehen:

(i) Die Dynamik der Zustandsänderungen ist stochastisch, nichtlinear und asynchron.

(ii) Die Zustände der Knoten sind bistabil bzw. multistabil.

(iii) Es existiert eine exponentiell mit der Knotenzahl wachsende Zahl von Zuständen des Gesamtsystems.

Die unter (iii) genannte Eigenschaft besitzt interessante physikalische und mathematische Hintergründe. Der Physiker denkt dabei an den Begriff der Frustration, der für Spingläser eine große Rolle spielt, und der Mathematiker erinnert sich an das Problem der NP-Vollständigkeit (NP = nichtpolynominal). Es kann hier nicht näher darauf eingegangen werden, sondern es muß auf die Spezialliteratur verwiesen werden.

Es sei noch darauf hingewiesen, daß sowohl die auf den Seiten 54 f. behandelten Suchstrategien beim Problem des reisenden Handelsmannes als auch die Hopfield-Modelle für das assoziative Gedächtnis, die wir auf den Seiten 68 ff. behandelt haben, als Spezialfälle von stochastischen Netzwerkmaschinen angesehen werden können. Beim Problem des reisenden Handelsmannes treten nur Ringstrukturen auf, d. h., die Kopplungsmatrix ist sehr speziell. Ebenso ist beim Hopfield-Netzwerk nur eine spezielle – die nach der Hebb-Cooper-Regel konstruierte – Kopplungsmatrix realisiert, die nur durch zusätzliche Speicherinhalte variiert werden kann. Viele allgemeine Kopplungsstrukturen hat die Boltzmann-Maschine, die auf Arbeiten von Ackley, Hinton und Sejnowski aus dem Jahre 1985 zurückgeht.

Die Theorie dieser vielversprechenden Lernmaschinen ist noch ganz unterentwickelt, um so erstaunlicher sind die schon punktuell erreichten Leistungen. Als Boltzmann-Maschine werden wir im weiteren ein stochastisches Netzwerk mit folgenden Basiselementen bezeichnen (Abb. 54).

1) Das Netzwerk hat eine hierarchische Ordnung und besteht aus einer Eingangs- und einer Ausgangsebene; dazwischen liegt eine interne Ebene.

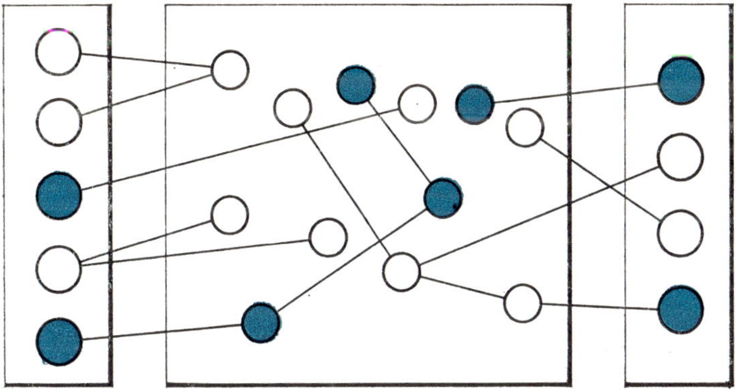

Abb. 54. Schema einer Boltzmann-Maschine

2) Zwischen den Knoten in den drei Ebenen bestehen stochastische Kopplungen; es existiert eine Hamilton-Funktion.

3) Die Zustände der Knoten (Spins oder Farben) sind einer Flip-Dynamik unterworfen, die Boltzmann-Übergängen entsprechen.

4) Das System läuft abwechselnd in einer Belehrungsphase mit festgeklemmten Input-Output-Relationen, einer Testphase mit festgeklemmtem Input und freiem Output und einer Korrekturphase.

5) Proportional zur vorhandenen Abweichung der gewünschten von der tatsächlichen Input-Output-Relation wird die Kopplungsmatrix korrigiert.

6) Die Maschine wird so lange trainiert (Wechsel der Phasen), bis sie bei gegebenem Input den gewünschten Output bei freiem Spiel der Dynamik erzielt. Sie hat dann sozusagen »gelernt«, einem gegebenen Input mit Hilfe seiner inneren Dynamik einen Output sicher zuzuordnen.

Die Boltzmann-Maschine ist ein trainierbares Netzwerk; es erfordert einen Trainer, der die gewünschten Input-Output-Relationen kennt und, davon ausgehend, entsprechend den Abweichungen von der Zielrelation die Korrekturen steuert. Die Dynamik der Korrektur ist langsam und adaptiv; dagegen ist die Dynamik der Zustandsflips schnell und entspricht einem Boltzmann-Prozeß. Die Leistungsfähigkeit von Boltzmann-Maschinen ist erstaunlich. So können sie nach entsprechendem Training lernen, Figuren in bezug auf die Symmetrieklassen, zu denen sie gehören, auch bei beliebiger Orientierung richtig einzuordnen.

Eine noch eindrucksvollere Lernleistung hat Sejnowski 1986 auf verschiedenen Konferenzen in den USA vorgestellt. Eine Boltzmann-Maschine wurde darin unterwiesen, einen unbekannten Text laut vorzulesen. Das Problem besteht darin, einem gegebenen gedruckten Wort ein lautrichtiges optisches Signal zuzuordnen. Es wurden Boltzmann-Maschinen (NETtalk) demonstriert, die nach längerem Training etwa die Lesequalität eines Kindes im 2. oder 3. Schuljahr erreichten. Dabei werden auch typische Lernfehler beobachtet, die z. B. seltene Wörter und Ausnahmen betreffen. Andere Experimente betreffen den Effekt von Wiederholungen, von Lernpausen usw. Bei Zerstörung von 65 % der Verbindungen im Netzwerk geht die Fähigkeit zum Vorlesen verloren, die Geschwindigkeit des Wiederlernens ist jedoch weit höher als beim ersten Lernen.

Die vorliegenden Experimente zeigen, daß die Boltzmann-Maschine geeignet ist, psychologische Hypothesen zu testen. Der Einsatzbereich von Boltzmann-Maschinen ist längst nicht ausgeschöpft. In neueren Arbeiten dazu wird zur Zeit der Effekt einer Überlagerung der Boltzmann-Dynamik mit Darwin-Strategien geprüft. Mit anderen Worten, es wird das Lernen eines Ensembles von Boltzmann-Maschinen mit »Erfahrungsaustausch« getestet. Ausgehend von der Überlegenheit von Mischstrategien darf man bei der Lösung von Handelsmann-Problemen unter Umständen auf die Überlegenheit von Boltzmann-Darwin-Maschinen gegenüber reinen Boltzmann-Maschinen hoffen.

Netzwerkmaschinen in Hardware

Gegenstand der bisherigen Ausführungen war die Modellebene mit Einschluß von Computersimulationen. Auf dieser Ebene sind bereits große Fortschritte erzielt worden. Wir betrachten nun die möglichen bzw. schon existierenden Realisierungen in Hardware. Die Zielstellung der Untersuchungen geht dahin, solche Netzwerke, die auf der Modellebene ihre Leistungsfähigkeit gezeigt haben, möglichst einfach und elegant physikalisch umzusetzen, wobei selbstverständlich der Stand der Technik, d. h. die VLSI-Technologie, zu berücksichtigen ist.

Über eine spezielle Hardware-Realisierung, den Chip für das Problem des reisenden Handelsmannes, wurde bereits berichtet. Er beruht auf Strommessungen an einem Leitersystem, das aus aktiven RC-Kreisen besteht. Mit Hilfe der modernen Halbleitertechnologie ist es möglich, Chips herzustellen, die eine große Zahl

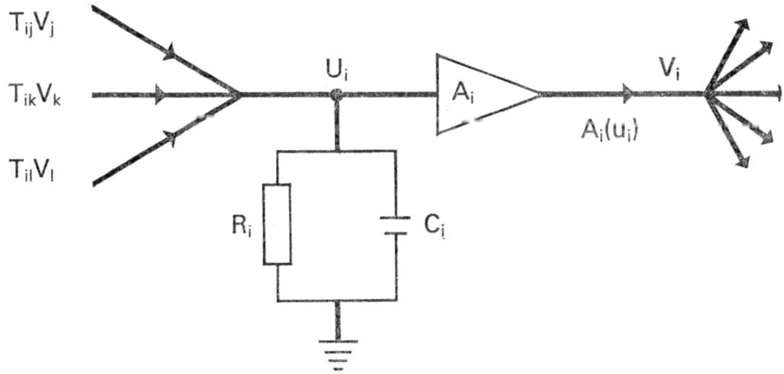

Abb. 55. Bauelement einer speziellen Netzwerkmaschine (nach Tank)

nichtlinearer RC-Kreise zu einem Netzwerk verknüpfen. Die in den Bell-Laboratorien gefertigte Variante ist aus RC-Kreisen der in Abb. 55 dargestellten Struktur zusammengesetzt. Jedes Element besitzt mehrere Eingänge und einen Ausgang und erinnert damit an die Neuronenstruktur.

Die Kirchhoffschen Bilanzgleichungen für den Stromknoten i lauten

$$C_i \frac{d U_i}{d t} + \frac{U_i}{R_i} - \sum_j T_{ij} V_j = I_i ,$$

wobei $T_{ij}V_j$ für die synaptischen Eingangsströme steht und I_i den Ausgangsstrom des RC-Kreises bezeichnet. Zwischen der Spannung U_i am RC-Kreis und der Ausgangsspannung wird eine Abbildung mit nichtlinearer Kennlinie angenommen:

$$V_i = A_i(U_i),$$

wobei A(U) eine Sigmoid-Funktion ist. Eine solche Abbildung wird durch ein Verstärkerelement, d. h. ein aktives, gepumptes Bauelement, realisiert. Damit gewinnt auch der RC-Kreis die Fähigkeit, aktiv zu sein (zu feuern) oder zu blockieren. Wieder ist eine Analogie zur Nervenzelle durchaus erkennbar. Wie man beweisen kann, besitzt das Netzwerk die Hamilton-Funktion (Energie):

$$H = -\frac{1}{2} \sum_{ij} T_{ij} V_i V_j - \sum_i I_i V_i + \sum_i \frac{1}{R_i} \int_0^{V_i} A_i^{-1}(V)\, d V .$$

Man kann mit diesem System bei fester Verschaltung leicht eine Gradientenstrategie realisieren, da

$$\frac{dH}{dt} \leqq 0$$

gilt (H ist eine Lyapunov-Funktion des Systems für den Fall symmetrischer Kopplungen $T_{ij} = T_{ji}$).

Die Strategie zur Entwicklung von Bauelementen sieht so aus, daß man zunächst im Computermodell oder mit Hilfe theoretischer Überlegungen eine »günstige« synaptische Matrix sucht und dann die entsprechenden Leiterbahnen (Verknüpfungen) auf dem Si-Chip anbringt. Wegen der festen Verdrahtung können solche RC-Netzwerke nur eine Aufgabe lösen, beispielsweise das Erkennen einer Objektklasse oder die Lösung einer speziellen Optimierungsaufgabe (z. B. Probleme des reisenden Handelsmannes).

Der Nachteil von Netzwerken, die mit Hilfe der Si-Technologie hergestellt werden, liegt in der mangelnden Variabilität der Verdrahtung; die synaptische Matrix wird nach der Erprobungsphase festgeschrieben. Eine wesentlich größere Flexibilität zeigen optische Realisierungen, die zumindest als unvollkommene Labormuster ebenfalls bereits im Versuchsstadium sind. Die Rolle der synaptischen Matrix übernimmt dabei ein Volumen- oder Flächenhologramm. Dadurch werden hohe Flexibilität und Variabilität gesichert. Es gibt zwei Grundtypen in der Erprobung:

(i) Als Knoten fungieren transparente Scheiben in einem Schirm, die nichtlineare optische Eigenschaften besitzen. Durch halbdurchlässige Spiegel werden die Strahlen wieder auf den Schirm und entsprechend der synaptischen Matrix gezielt auf andere Scheiben gelenkt. Die Steuerung erfolgt über ein Volumenhologramm. Eine Prinzipschaltung zeigt Abb. 56.

(ii) Als Knoten fungieren GaAs-LED und Detektoren, die über eine VLSI-Technologie auf einem Chip angeordnet werden. Die synaptische Matrix wird über einen darüberliegenden Spiegel mit einem Flächenhologramm dargestellt (Abb. 57).

Es dürfte wohl kaum ein Zweifel darüber bestehen, daß optische Netzwerke eine besonders elegante Lösung darstellen. Bekanntlich ist die anfängliche Euphorie in bezug auf die Realisierbarkeit digitaler optischer Computer seit den siebziger Jahren einer sehr nüchternen Einschätzung gewichen. Man darf jedoch nicht übersehen, daß seit wenigen Jahren sehr leistungsfähige nichtlineare optische Bauelemente zur Verfügung stehen, zu denen auch die von der Gruppe Hennebergers entwickelten Elemente gezählt werden können. Führende Experten für optische Infor-

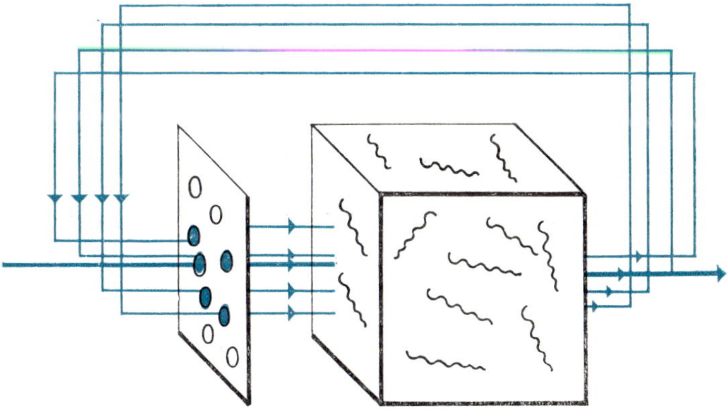

Abb. 56. Schema einer optischen Netzwerkmaschine mit Volumenhologramm (nach Psaltis)

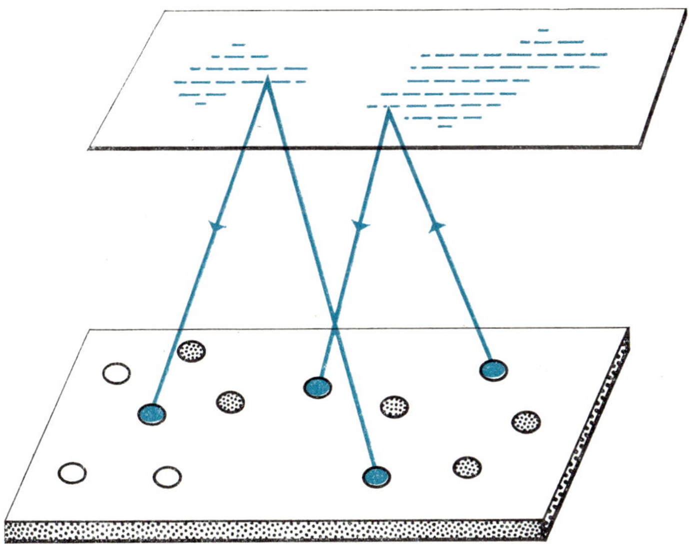

Abb. 57. Schema einer optischen Netzwerkmaschine mit Flächenhologramm (nach Psaltis)

mationsverarbeitung, wie etwa Lohmann aus Erlangen, schätzen ohnehin ein, daß die Chancen des optischen Computers in der Parallelverarbeitung liegen. Prototypen optischer Netzwerkmaschinen wurden kürzlich von Psaltis vorgestellt.

Eine dritte Richtung der Realisierung von Netzwerken sind die von Conrad, Kirby und Hong entwickelten enzymatischen Neuronen. Die Idee besteht darin, lichtempfindliche Moleküle (Rhodopsin) auf künstlichen Membranen zu plazieren. In enger Beziehung dazu stehen optisch-chemische Netzwerke, wie sie experimentell von Kuhnert und Mitarbeitern und theoretisch auch von uns untersucht werden. Das Prinzip entspricht mehr oder weniger dem des enzymatischen Neurons, abgesehen von der ganz verschiedenen chemischen Struktur, die dem Netzwerk zugrunde liegt. Die optisch-chemischen Netzwerke basieren auf der von Kuhnert gefundenen lichtempfindlichen Variante der Belousov-Zhabotinsky-Reaktion. Wegen der Lichtempfindlichkeit des verwendeten neuen, Ruthenium enthaltenden Katalysators kann der lokale Reaktionszustand unmittelbar über optischen Input gesteuert werden. Das interne Netzwerk ist extrem einfach, da nur eine Diffusionskopplung mit Nachbarzellen vorliegt. Die Auskopplung erfolgt nach unserem Vorschlag über nichtlineare Elektroden, deren Position adaptiv variiert werden kann (Abb. 58). Während die optische Ansteuerung von Reaktionen in mehreren Publikationen überzeugend nachgewiesen wurde, existiert zur Zeit für die adaptive Auskopplung nur eine theoretische Untersuchung.

Weiterhin sei die interessante akustische Realisierung einer Boltzmann-Maschine nach Wolfgang Ahnert und Rainer Feistel angeführt, die aus der Primärquelle (Input), den Hörern (Output-Ebene) und einem Lautsprechernetzwerk (interne Ebene) besteht

Abb. 58. Schema einer chemischen Netzwerkmaschine

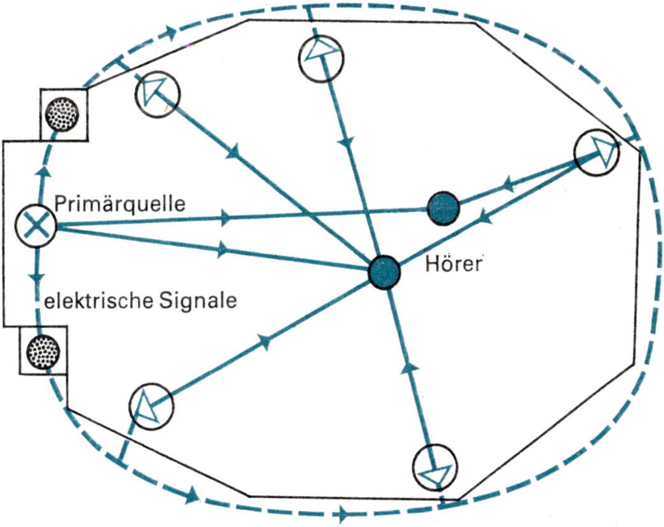

Abb. 59. Akustische Netzwerkmaschine, die die Hörqualität in öffentlichen Räumen optimiert (nach Ahnert und Feistel)

(Abb. 59). In einer Computersimulation werden Anzahl, Ort, Pegel, Richtung, Verzögerung usw. der Lautsprecher so lange stochastisch variiert, bis eine optimale Hörqualität für alle Hörer erreicht ist. Die Methode wurde schon bei der Optimierung der akustischen Eigenschaften von Konzertsälen und großen öffentlichen Räumen in der ganzen Welt eingesetzt. Dieses Beispiel zeigt, daß die modernen neuen Prinzipien auch zur Lösung klassischer Probleme entscheidend beitragen können.

Schließlich müssen wir noch die naheliegende Simulation von Netzwerken mit Hilfe von Prozessoren erwähnen. Auf dem Markt werden heute schon verschiedene »Neuronencomputer« angeboten. Zu den ersten Typen zählte der Mark IV. Er besteht aus acht Spezialprozessoren (Abb. 60), mit denen ein Netzwerk mit $^1/_4$ Million Knoten und 5 Millionen Verknüpfungen simuliert wird; 85 % des Wertes liegen in einem großen RAM-Speicher für die synaptische Matrix. Mit dem Mark IV können alle gängigen Netzwerktypen von Hopfield bis Hinton simuliert werden. Der Mark IV ist ein auf Netzwerke spezialisierter Computer, der für einen relativ niedrigen Preis die gleichen Leistungen wie eine Simulation auf dem VAX-Computer in 1 % des zeitlichen Aufwands erreicht. In der Wer-

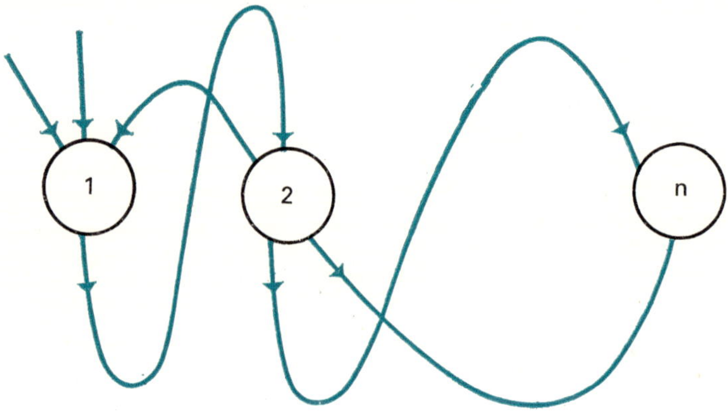

Abb. 60. Schema eines Prozessornetzwerkes

bung wird die besondere Eignung von Netzwerkrechnern für adaptive Steuerung, Entscheidungsprobleme, Regellernen, Verarbeitung unexakten Wissens, Archivierung, Edition, Retrieval und Massenkontrolle hervorgehoben.

Es sei nun noch einmal nach den Aussichten der Entwicklung leistungsfähiger Netzwerkmaschinen gefragt. Nach unserer Meinung sind weder naiver Enthusiasmus noch ablehnende Skepsis am Platze. Die Natur zeigt uns, daß es prinzipiell andere Möglichkeiten der Informationsverarbeitung gibt, als wir bisher technisch realisiert haben, und daß diese in einigen Punkten unseren jetzigen Systemen überlegen sind.

In der internationalen Literatur existiert eine Fülle von Vorschlägen. Sie betreffen sowohl neue Möglichkeiten der Miniaturisierung als auch völlig neuartige Prinzipien der Rechnerkonstruktion. In verschiedenen Ländern sind Forschungsprogramme zum Überprüfen dieser neuen Möglichkeiten angelaufen. Wir dürfen natürlich nicht vergessen, daß die Entwicklung unserer jetzigen Si-Chip-Technologie ebenfalls noch lange nicht abgeschlossen ist und bedeutende Potenzen in sich birgt. Außer diesen Tagesaufgaben gilt es aber, die neuen internationalen Tendenzen sorgfältig zu verfolgen, um auch sie sachkundig beurteilen zu können.

Szenario der Selbstorganisation des Lebens

Was verstehen wir unter »Leben«?

Wenn in diesem Buch aus physikalischer Sicht über die Bildung von Ordnung aus Chaos gesprochen wird, so können wir, auch bei Berücksichtigung der dem Physiker gebotenen Grenzen, den großen Problemen des Lebens und der Stellung des Menschen im Universum nicht ganz ausweichen. Der Pionier der Darwinschen Evolutionslehre, der englische Naturforscher Thomas H. Huxley, formulierte 1863 einen Satz, dem wir nachdrücklich zustimmen: »Die Frage aller Fragen für die Menschheit, das Problem, das hinter allen anderen steckt und interessanter ist als alle übrigen, ist die Bestimmung der Stellung des Menschen in der Natur und seiner Beziehung zum Kosmos.« In diesem abschließenden Kapitel wollen wir uns mit Huxleys »Frage aller Fragen« auseinandersetzen. Begonnen werden soll mit einer Eingrenzung des Begriffs »Leben« aus physikalischer Sicht.

Bis zur ersten Hälfte des 19. Jahrhunderts war die vorherrschende wissenschaftliche Auffassung, daß das Leben etwas Besonderes ist, das im Widerspruch zu physikalisch-chemischen Gesetzmäßigkeiten steht. Ausdruck dieser Auffassung war die Annahme einer »vis vitalis«, einer besonderen Lebenskraft. Die revolutionäre Leistung solcher bedeutender Forscher wie Mayer, Helmholtz, Boltzmann und Ostwald bestand darin, nachgewiesen zu haben, daß Lebewesen keineswegs im Widerspruch zu physikalisch-chemischen Gesetzmäßigkeiten stehen, sondern ihnen – trotz aller Besonderheiten – in allen Punkten folgen.

Alexander Oparin, Manfred Eigen und andere Forscher der Gegenwart haben die ersten physikalisch-chemisch begründeten Szenarien für die Selbstorganisation des Lebens unter den Bedingungen der Urerde entworfen. Natürlich bedeutet das nicht, daß sich die Existenz von Leben auf Physik und Chemie reduzieren läßt. Es wäre anmaßend, z. B. die Vielfalt der heute existierenden 1,2 Millionen Tierarten allein aus physikalisch-chemischen Gesetzen deduzieren zu wollen.

Verstehen kann man das Leben im Sinne von Darwin nur als Ergebnis eines mehrere Milliarden Jahre währenden Evolutionsprozesses, und alle Wissenschaften, von Physik und Chemie über Biologie und Paläontologie bis hin zur Philosophie, haben zu diesem Verständnis beigetragen. Da zu den Erscheinungen des Lebens auf unserer Erde so komplexe Phänomene wie Gesellschaft, Musik, Malerei, Literatur usw. zählen, können wir uns nicht dazu verstehen, das Leben nur als eine Sache der Biologie zu betrachten. Unsere Auffassung vom Leben ist evolutionär und interdisziplinär. Was ist eigentlich Leben?

Wir wollen diese Frage durch ein Gedankenexperiment beleuchten (nicht lösen!). Stellen wir uns vor, wir würden mit einem Raumschiff durch das All reisen und dort auf die verschiedensten Existenzformen der Materie treffen. Welche von ihnen würden wir als Lebewesen bezeichnen? Sicher nicht Meteore, Gaswolken, Gesteine. Stellen wir uns aber vor, wir würden auf Informationssysteme treffen, d. h. Systeme, die Informationen austauschen und verarbeiten. Wir würden dann fragen, ob diese Systeme von allein entstanden sind oder geschaffen wurden. Im ersten Fall würden wir sicher völlig unabhängig von der physikalisch-chemischen Natur der Systeme von Leben sprechen, so wie Stanisław Lem im Roman »Solaris« von einem »lebenden Ozean« spricht. Auf diese Weise gelangen wir zu der Arbeitsdefinition: »Lebewesen sind natürliche Informationssysteme, d. h. solche, die ohne Konstruktion und Instruktion durch Informationssysteme höherer Stufe von allein im Verlaufe einer natürlichen Evolution entstanden sind.« Wir sehen, daß in dieser Arbeitsdefinition die Begriffe Evolution und Information eine zentrale Rolle spielen. Einen weiteren zentralen Begriff, den der Selbstreproduktion, wollen wir nicht in die Definition aufnehmen, da die Selbstreproduktion, wie zu zeigen sein wird, der entscheidende Mechanismus der Evolution hin zur Informationsverarbeitung ist.

Betrachtungen zur Entstehung des Lebens auf der Erde

Zunächst soll noch einmal die im ersten Kapitel dargestellte Vorgeschichte, der »Prolog im Himmel«, skizziert werden. Wir wissen heute mit an Sicherheit grenzender Wahrscheinlichkeit, daß sich unsere Metagalaxis seit etwa 15 bis 20 Milliarden Jahren unaufhörlich ausdehnt. Zu Beginn dieser Ausdehnungsperiode war sie im Zustand eines extrem heißen homogenen Plasmas, das sich durch ständige Ausdehnung abkühlte. Einige hunderttausend Jahre nach Beginn der Expansion war die Temperatur auf einige tausend Kelvin gesunken, und es bildeten sich neutrale Atome; der Kosmos war danach ein heißes homogenes Gas, das in ein Strahlungsfeld eingebettet war. Gas und Strahlungsfeld waren hinfort so schwach miteinander gekoppelt, daß sie sich unabhängig voneinander zu entwickeln begannen. Das Strahlungsfeld (Photonengas) blieb bei der weiteren Expansion und der damit verbundenen Abkühlung homogen. Heute betragen die Temperaturen des Feldes, der sogenannten Hintergrundstrahlung, nur noch 3 K und die Dichte etwa 500 Photonen/cm^3.

Die stoffliche Materie, d. h. das heiße Gas, nahm einen anderen Entwicklungsweg. Durch Gravitationsinstabilitäten kam es zum Zusammenklumpen der stofflichen Materie. Es bildeten sich Gasbälle und schließlich Sterne mit Oberflächentemperaturen von knapp 10 000 K sowie relativ kühle kleine Planeten mit Oberflächentemperaturen von einigen hundert Kelvin.

Unsere Metagalaxis war ursprünglich wie eine mit hochwertiger Energie geladene Batterie; sie war weitab vom thermodynamischen Gleichgewicht. Die ursprünglich als Wärme hoher Temperatur vorhandene Energie wurde im Laufe der Zeit vielfach umtransformiert. Zunächst wurde bei der Expansion thermische Energie in Gravitationsenergie umgewandelt. Bei Kollapsphänomenen wurde Gravitationsenergie in zentral gerichtete kinetische Energie und über Dissipation wieder lokal in Wärme hoher Temperatur verwandelt. Der Nichtgleichgewichtskosmos organisierte sich selbst, wobei zunächst Gravitationsstabilitäten die entscheidende Rolle spielen. Kleine Abweichungen von der Homogenität schaukeln sich durch Rückkopplungseffekte auf, die Struktur wird körnig und die lokale Konzentration führt zu lokaler Aufheizung bis zum Zünden von Kernfusionsreaktionen, die die Energiequelle der Sterne darstellt. Die von der Oberfläche der Sterne emittierten Photonen fielen und fallen auch heute noch über verschiedene Degradationsprozesse schließlich in den »See« der Hintergrundstrahlung. Beim »Herunterfallen« vom Niveau 10 000 K auf das Niveau 3 K können sie lokal weitere Prozesse der Selbstorganisation antreiben. Dieser Mechanismus der »Photonenmühle« treibt das »Rad der Evolution« auf unserem und vielleicht auch auf anderen Planeten an. Die Photonenmühle ist die Triebkraft der Entstehung des Lebens aus dem Chaos der Urerde.

Das Rätsel, wie das Leben auf dem Planeten Erde entstand, beschäftigt Laien und Wissenschaftler schon sehr lange Zeit. In unserem Jahrhundert hat die Erforschung dieser bedeutendsten Revolution in der Erdgeschichte gewaltige Fortschritte gemacht. Darwins Theorie erlaubt es, den Ausgangspunkt für das heutige Leben in einfachsten Formen, den Einzellern, zu sehen. Es kann nicht von vornherein ausgeschlossen werden, daß diese Ureinzeller gar nicht auf der Erde entstanden, sondern auf fremden Planeten und in Form widerstandsfähiger Sporen in Meteoriten oder im kosmischen Staub unseren Planeten infiziert haben. Da diese Panspermie-Hypothese das Problem der Biogenese eigentlich nur verlagert, aber nicht löst, bleibt die These von der Überbrückung kosmischer Distanzen recht problematisch; die meisten Wissenschaftler sind von der »Urzeugung« auf der Erde selbst überzeugt. Auch wir werden hier von dieser Hypothese ausgehen. Oparin war es, der am konsequentesten dafür eintrat, die Entstehung der Einzeller aus unbelebter Materie als gesetzmäßigen, naturwissenschaftlich begründbaren Prozeß unter den Bedingungen der Urerde aufzufassen.

Trotzdem waren die großen Schwierigkeiten beim Verständnis dieser Etappe immer wieder ein Grund, Schöpfungsmythen verschiedener Art zu postulieren oder die Entstehung des Lebens als gigantischen Zufall aufzufassen, wie die Arbeit von Jaques Monod (1971) zeigt. Eine derartige scheinbar unüberwindliche Hürde wurde auch von der Physik in Form des zweiten Hauptsatzes der Thermodynamik in den Weg gestellt. Die Schwierigkeit löste sich jedoch mit der Erkenntnis von Erwin Schrödinger (1944) und Ludwig von Bertalanffy (1956) auf, daß Lebewesen prinzipiell als offene Systeme anzusehen sind. Die Thermodynamik offener Systeme läßt Strukturbildung und Selbstorganisation ausdrücklich zu, wie in den ersten beiden Kapiteln dieses Buches herausgearbeitet und durch Beispiele belegt wurde.

Manfred Eigen (1971) übertrug als erster die neuen Erkenntnisse von der Theorie der Selbstorganisation auf das Problem der präbiologischen Evolution. Eines der wichtigsten Resultate dieser allgemeinen Untersuchungen war folgende Schlußfolgerung: Das offene System Urerde war instabil gegen Fluktuationen, die den Charakter einer molekularen Selbstorganisation trugen, und somit konnte die Entstehung von Lebensformen als ein gesetzmäßiger und notwendiger Prozeß betrachtet werden. Am Beginn dieses Prozesses standen zufällige Selbstreproduktionsprozesse, die zur Bildung einer im Darwinschen Sinne evolutionsfähigen Struktur führten.

Die Folge der erdhistorischen Ereignisse dieser »Fluktuationen« ist heute im Detail nicht mehr aufzuklären, da ihre Spuren von den einige Milliarden Jahre währenden geologischen, meteorologischen und biologischen Prozessen ausgelöscht wurden. Unsere molekularbiologischen und erdhistorischen Kenntnisse lassen es aber zu, eine hypothetische Stufenleiter darüber zu konstruieren, wie die Biogenese hätte ablaufen können. Von einer solchen Hypothese muß man fordern, daß ihre einzelnen Phasen durch das Experiment und durch theoretische Modelle verifiziert werden können und daß die Wahrscheinlichkeit der Zufallsereignisse, die den Übergang von einer Phase zur nächsten bewirken, hinreichend groß ist. Dies sind die heuristischen Prinzipien von der Glaubwürdigkeit und Kontinuität.

Wir wollen nun ein Szenario der Biogenese entwerfen und folgen dabei dem roten Faden der Evolutionsgeschichte unseres Planeten, die als wesentlichen Faktor die Selbstreproduktion ins Spiel bringt. Die Evolutionsgeschichte des Planeten Erde begann vor etwa 4,5 Milliarden Jahren. Die kosmische Evolution ging weiter, neue Sterne, Sternsysteme und Sonnensysteme entstanden und vergingen. Sterne entwickelten sich zu Roten Riesen, Weißen Zwergen, Neutronensternen oder Schwarzen Löchern. Auf dem Planeten Erde geschah auf Grund günstiger physikalischer Bedingungen, die durch die im ersten Kapitel diskutierte Photonenmühle mit der Stärke von ein Watt pro Kelvin und pro Quadratmeter Erdoberfläche gegeben waren, etwas ganz Besonderes.

Die Erde war im Ergebnis ihres Entstehungsprozesses mit einer Gashülle umgeben, ihre Gesteine gaben Gase ab, Wasserstoff und Helium entwichen in den umgebenden Raum, so daß sich die Zusammensetzung dieser Hülle ständig änderte. Fast 2 Milliarden Jahre lang dominierte eine Atmosphäre, die vorwiegend aus Methan, Wasserdampf, Ammoniak, Wasserstoff und Schwefelwasserstoff bestand, auf den ersten Blick eine unfreundliche, unfruchtbare Stätte. Wie sich aber zeigte, enthielt dieses Gasgemisch große Evolutionspotenzen, die die Synthese komplizierter organischer Moleküle mit der Fähigkeit zur Selbstreproduktion ermöglichten. Die Erdatmosphäre war nämlich intensiver Sonnenstrahlung ausgesetzt. Unaufhörlich wurden die »heißen« Photonen, die von der Sonnenoberfläche kamen, absorbiert und »kalte« Photonen wieder in den Weltraum zurückgestrahlt, die Photonenmühle drehte sich ohne Pause. Hinzu kam die Wirkung von Gewittern und Vulkanen, die örtlich hohe Temperaturen und starke Gradienten erzeugten. Einige Gase, besonders Wasserdampf, kondensierten unter diesen Bedingungen und bildeten in den Tälern die Anfänge eines Urozeans, der mit den heißen Lavaströmen der Vulkane zusammentraf. So bildeten sich, wie zuerst Oparin (1924) hypothetisch postulierte, primitive organische Moleküle, insbesondere Aminosäuren und Nukleinsäuren, aus.

Man kann diese Prozesse auch experimentell nachvollziehen. Im Laboratorium von Professor Harold Urey jagte 1953 der damalige Student Stanley Miller tagelang elekrische Entladungen durch eine simulierte Uratmosphäre und fand im Ergebnis Aminosäuren. Die Arbeiten von Miller und Urey regten ähnliche Untersuchungen in großer Zahl an. Es wurde nachgewiesen, daß Gasgemische, die Methan, Ammoniak, Wasserstoff, Sauerstoff und Stickstoff enthalten, bei Zuführung von Energie (z. B. in Form elektrischer Entladungen, ultravioletten Lichtes, radioaktiver Strahlung oder Wärme) unter reduzierenden Bedingungen alle wichtigen Grundbausteine für den Aufbau von Biosubstanzen liefern: Aminosäuren, Hydroxysäuren, Zucker, Purin- und Pyrimidinbasen.

Mit dem Einsetzen dieser Syntheseprozesse auf dem Planeten Erde fing eine neue Phase der chemischen Evolution an, sie begann vor etwa 4 bis 4,5 Milliarden Jahren. Das hauptsächliche Resultat dieser Synthesephase war die Integration von einfachen H-, C-, N-, P-, ...-Atomen zu den relativ komplexen organischen Molekülen. Der folgende Evolutionsprozeß bestand in der Integration zu Makromolekülen. Einige der in der Uratmosphäre entstandenen organischen Moleküle lagerten sich zu Ketten zusammen: Polypeptide und Polynukleotide bildeten sich im ständigen Wettbewerb mit der kettenzerstörenden Hydrolyse aus. Die Mehrheit der gebildeten Polymerketten bestand aus mehreren Sorten von Monomeren, es waren Heteropolymere. Damit entstanden bestimmte lineare Molekülmuster. Die Musterbildung übernahm eine wichtige Rolle. Im Resultat bildeten sich aus den Atomen der chemischen Elemente viel komplexere organische Moleküle und daraus wiederum noch komplexere Kettenmoleküle.

Betrachten wir nun die folgende Evolutionsphase: Nach einer gewissen Zeit entstanden spezielle organische Kettenmoleküle, die Polynukleotide mit der Fähigkeit zur Selbstreproduktion. Diese Eigenschaft der Polynukleotide beruht auf den verschiedenen Stärken der Wasserstoffbrückenbildung zwischen Nukleotiden. Wir müssen uns ein Molekül der Ribonukleinsäure vorstellen, das aus einer linearen Kette aus den Bausteinsorten Adenin, Cytosin, Guanin und Urazil besteht (Abb. 61). Das Nukleotid Adenin vermag zum Nukleotid Urazil eine relativ feste Wasserstoffbrückenbildung herzustellen und das Nukleotid Cytosin zum Nukleotid Guanin. Eine gegebene Nukleotidkette neigt dazu, an seine Bau-

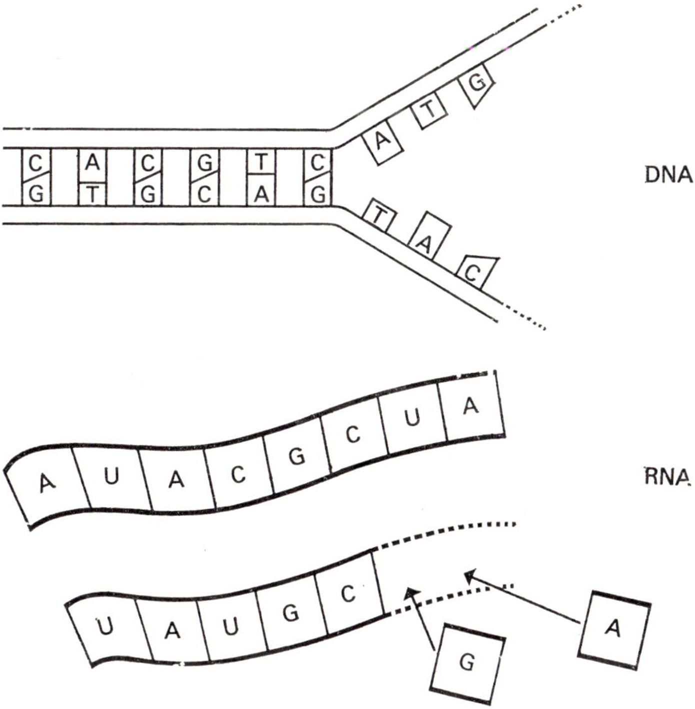

Abb. 61. Schema der Replikation von RNA- bzw. DNA-Molekülen

steine im obigen Sinne komplementäre Bausteine lose anzulagern. Durch die Ausbildung chemischer Bindungen zwischen den assoziierten Nukleotiden kann eine komplementäre Kette entstehen. Relativ kurze Ketten der Ribonukleinsäure konnten so auf der Urerde ihr Komplement herstellen und dieses wieder das Orginalmuster. In zwei Schritten kam damit das Originalmuster zur Verdopplung. Wegen der fehlenden katalytischen Unterstützung und der sehr geringen Konzentrationen waren solche spontanen Replikationen in den Urgewässern außerordentlich selten. Den entscheidenden Beitrag zur Steigerung der Replikationsgeschwindigkeiten leisteten die Polypeptide.

Es ist heute experimentell nachgewiesen, daß bereits die primitiven, abiogen entstandenen Polypeptide, die sogenannten Proteinoide, auf Grund ihrer räumlichen Faltungsstruktur bereits multivalente katalytische Eigenschaften besitzen. Die spontan in ausreichenden Mengen entstandenen Proteinoide waren in der Lage, den Ablauf der Synthese- und Replikationsprozesse entscheidend zu beschleunigen. Die Moleküle auf der Urerde hatten die fundamentale Eigenschaft der Selbstreproduktion gewonnen und traten in eine neue Evolutionsphase, die Phase der Selbstorganisation durch Selbstreproduktion, ein. Die Bildung von Modifikationen (Mutanten) des Orginalmoleküls durch kleine Kopierfehler und die anschließende Auslese der günstigsten Varianten spielten dabei eine entscheidende Rolle. Möglicherweise sind auch ganze Netzwerke von Polynukleotiden und Polypeptiden aufgetreten, die zur Replikation fähig waren. Hypothetische Strukturen sind die Hyperzyklen nach Eigen und Schuster und die Ribonukleinsäure-Replikase-Zyklen.

Der entscheidende Prozeß, der zu einer lokalen Erhöhung der Konzentration von Makromolekülen führte, war vermutlich die Bildung von Koazervaten, die zuerst von Oparin postuliert wurden. Koazervate sind tröpfchenförmige Ausfällungen; sie entstehen, wenn in Lösungen hochkmolekularer Stoffe die Solvathüllen der ionisierten Makromoleküle durch andere geladene Moleküle teilweise abgebaut werden und zusammenfließen. Koazervation ist eine Form der Entmischung, wobei die Koazervatphase die Makromoleküle in viel höherer Konzentration enthält als die übrige Flüssigkeitsphase.

Oparin hat schon in den zwanziger Jahren auf die große Bedeutung der Koazervate als mögliche Lebensstufen hingewiesen. Den Koazervaten verwandt sind die besonders von Sidney Fox untersuchten Mikrosphären. Es handelt sich dabei um winzige Proteinoidkügelchen mit einem Durchmesser von einigen Mikrometern. In den Koazervaten bzw. Mikrosphären konnten Reaktionen ablaufen, sie bildeten gewissermaßen chemische Mikroreaktoren. Diese Mikroreaktoren besaßen die Fähigkeit zum Wachsen und zur Teilung sowie zum Austausch von Stoffen mit der Umgebung und damit auch zur Mutation ihrer Zusammensetzung. Die Mikroreaktoren traten als neue replikative Einheiten neben die replikativen Netzwerke. Ihre Bildung war ein wichtiger Schritt zur räumlichen Abgrenzung von Individuen. Zweifellos war die Individualisierung ein wichtiges Teilergebnis der Biogenese.

Ein anderer Schritt von entscheidender Bedeutung war die Ausbildung einer molekularen »Sprache« der Biopolymere. Die »Sprache« biologischer Systeme ist chemischer Natur. Diese chemische Sprache hat ein Alphabet, das aus den Nukleotid- und Aminosäuresorten besteht. Sie besitzt grammatische Regeln und bildet Zusammensetzungen verschiedener Größe, nämlich die Einheiten Mutation, Kodierung und Rekombination. Diese Teilfolgen haben jeweils eine genau definierte Bedeutung im biologischen Zusammenhang, sie kodieren z. B. bestimmte Merkmale oder Enzyme. Im Urozean müssen sich die Elemente dieser molekularen Sprache ausgebildet haben. Voraussetzung dafür war die Existenz replikationsfähiger Informationsträger; diese Aufgabe haben die Polynukleotide – anfangs die RNA und später die DNA – übernommen. Ihre effektive Replikation wurde im Verband von Netzwerken durch spezielle Enzyme, die Replikasen, ermöglicht.

Es entstanden immer kompliziertere replikative Systeme, die miteinander konkurrierten. Solche replikativen Systeme, die schnell und mit geringer Fehlerquote Kopien herstellten, setzten sich durch, während andere zurückblieben. Als Rohmaterial dienten den replikativen Systemen die überall vorhandenen primitiven organischen Moleküle, wie Aminosäuren und die Vorstufen der Nukleotide, die immer wieder durch das Sonnenlicht, Blitze und Vulkanausbrüche neu hergestellt wurden.

Mit der Zeit füllte sich der Urozean immer mehr mit schnell kopierenden replikativen Systemen, und der Rohstoff wurde knapper, der Stoffwechsel der Replikation war erschwert. Eine scharfe natürliche Selektion setzte ein, in der solche replikative Einheiten, die Polynukleotide und Polypeptide in günstiger Kombination verwendeten, zur Perfektion gelangten. Sie isolierten sich räumlich von ihrer Umgebung – möglicherweise durch Stabilisierung der Mikroreaktoren – und bildeten trennende Membranen aus, durch die sie in Stoffwechsel mit der Umgebung traten: Die ersten Lebewesen entstanden. Wir können annehmen, daß dieses Ereignis vor 3 bis 4 Milliarden Jahren aufgetreten ist. Die ersten Lebewesen mögen Bakterien oder primitiven Algen ähnlich gewesen sein. Bald entwickelten sich auch Vorstufen von Einzellern mit Zellkern (Eukaryoten).

Die ältesten bekannten Fossilien intrazellularer Kerne sind etwa 1,5 Milliarden Jahre alt. Die frühen Eukaryoten vermehrten sich durch den ungeschlechtlichen Vorgang der Mitose (der einfachen Zellteilung). Einige Zeit später wurde von einigen Arten der Mikroorganismen die sexuelle Replikation ausgebildet, die einen großen Evolutionsschritt darstellte, da sie die genetische Variabilität entscheidend vergrößerte und zur Typusstabilisierung beitrug.

Mit der Perfektionierung der Replikation wurden die Rohstoffe des Stoffwechsels, die spontan gebildeten Aminosäuren und Vorstufen der Nukleotide, immer knapper. In dieser Zeit entstand eine neue Klasse von Mikroorganismen, die die molekularen Bausteine selbst aus Wasser und Gasmolekülen mit Hilfe des Sonnenlichts herstellten. Diese Urpflanzen vermehrten sich rasch. Von den nicht assimilierenden Urorganismen hatten nur solche eine Chance, die sich zu Parasiten der Urpflanzen entwickelten. Das Prinzip der Heterotrophie entstand. Die Basis der entstehenden Nahrungsketten bildeten die Pflanzen, die Autotrophie. Die Pflanzen änderten langsam die Zusammensetzung der Atmosphäre. Ammoniak wurde in Stickstoff und Wasserstoff verwandelt, Kohlendioxid in Kohlenstoff und Sauerstoff, Methan in Kohlendioxid und Wasserstoff. Für ihren Aufbau benötigten die Pflanzen in erster Linie Kohlenstoff- und Wasserstoffmoleküle, Stickstoff und Sauerstoff wurden in erheblichen Mengen an die Atmosphäre abgegeben.

Die Entstehung einer sauerstoffhaltigen Atmosphäre begann vor etwa 2 Milliarden Jahren. Sie änderte die Existenzbedingungen des Lebens radikal. Für die seinerzeit existierenden Lebewesen war Sauerstoff ein hochgiftiges Gas, das durch Oxidationsprozesse viele organische Moleküle zerstören konnte. Mutation und Selektion halfen auch diese gefährliche Bedrohung zu überwinden: Es entstanden Lebewesen, die, mit Kiemen oder Lungen ausgestattet, hocheffektive Stoffwechselmechanismen für Sauerstoffatmosphären entwickelten.

Eine der wichtigsten Voraussetzungen für die Entstehung hochentwickelter Lebensformen war die Ausbildung von Zellverbänden durch den Zusammenschluß und die Arbeitsteilung von Zellen mit Kern (Eukaryoten). Die Entstehung mehrzelliger Eukaryoten vor etwa 600 000 Jahren führte zu einer Explosion hochentwikkelter Formen des Lebens. Wie die fossile Überlieferung aus dieser Zeit, dem Beginn des sogenannten Kambriums, zeigt, tauchten innerhalb relativ kurzer geologischer Zeiträume viele wirbellose Tierarten und makroskopische Algen auf. Drei Evolutionsschritte waren es vermutlich, die diesen Evolutionssprung auslösten:

1. die Entstehung der Sexualität,
2. die Herausbildung des Prinzips der Heterotrophie,
3. der Zusammenschluß zu Zellverbänden mit Arbeitsteilung.

Der weitere Gang der Ereignisse hat sich, evolutionsgeschichtlich gesehen, in relativ kurzen Zeiträumen abgespielt.

Quo vadis evolutio?

Vor dem Hintergrund der kosmischen Evolutionsgeschichte nehmen sich die Entwicklung von Wirbeltieren und Hominiden und insbesondere die der Menschheit wie eine Episode aus. Den episodischen Charakter dieser jüngsten Phase der Evolution wollen wir durch ein Gedankenexperiment beleuchten: Physiker können bekanntlich nicht ohne Expernimente auskommen.

In Gedanken soll der Ablauf der Prozesse im Kosmos um den Faktor eine Milliarde verkürzt und räumlich auf Labormaßstab zusammengedrängt werden. Da unser Zeitraffer 20 Milliarden Jahre auf 20 Jahre komprimiert, beginnen wir unser Gedankenexperiment im Jahre 1970. Lassen Sie uns gemeinsam das Versuchsprotokoll durchgehen: Wir beobachten zunächst nichts anderes als ein heißes expandierendes Gas, das nach einigen Jahren zusammenklumpte und etwa 1978 unsere Galaxis sowie etwa 1983 die Erde bildete. Etwa vor 3 bis 4 Jahren tauchten die ersten Lebensformen auf der Erde auf, die ersten Wirbeltiere beobachteten wir allerdings erst vor einem knappen Jahr und die ersten Hominiden gar erst vor einer Woche. Die Menschwerdung liegt nur einen Tag zurück, der Gebrauch des Feuers nur 2 Stunden, die Entwicklung des Ackerbaues und die Gründung der ersten Städte nur 5 Minuten, der Trojanische Krieg nur 2 Minuten, die Begründung der modernen Physik durch Galilei nur 1 Minute, der erste Weltkrieg nur 2 und der zweite Weltkrieg nur 1 Sekunde.

Leider ist damit das Experiment beendet. Unser gedachter Zeitrafferversuch vermag ebensowenig die zukünftige Entwicklung vorherzusagen, wie wir es vermögen. Vielleicht hat aber das Gedankenexperiment demonstriert, daß unsere Epoche ein Wendepunkt der Weltgeschichte ist. Die Nachkriegsepoche, in der wir leben, mit all ihren Stürmen und revolutionären Umwälzungen der Technologien umfaßt in dem gewählten Maßstab nur eine einzige Sekunde. Wenn wir dagegenhalten, daß die Entwicklung des Lebens von seinen Urformen an in diesem Maßstab 3 bis 4 Jahre dauerte, wird eine ungeheure Beschleunigung sichtbar, aber auch die außerordentliche Verantwortung, die auf unserer Generation lastet. Die nächsten Sekunden im Gedankenexperiment können entweder eine gigantische Katastrophe zeigen, die den Zeiger um einige Monate oder Jahre auf die Stufe primitiver Lebewesen zurückdreht, oder sie werden einen Planeten mit einer Menschheit zeigen, in der sich Frieden und sozialer Fortschritt durchgesetzt haben. Nur unter der Bedingungen, daß der Krieg als Mittel zur Lösung der unvermeidlichen Widersprüche und Konflikte ausgeschaltet wird, kann eine Fortsetzung der Evolution des Lebens auf diesem Planeten über die nächsten Sekunden, Tage oder Wochen der Modellzeit hinweg gedacht werden. Um erneut Einstein zu zitieren: »Eine Rüstungskonkurrenz ist kein Weg zur Verhütung von Kriegen. Im Gegenteil: Jeder Schritt in dieser Richtung bringt uns einer Katastrophe näher... Wahrer Friede ist ohne systematische Abrüstung auf übernationaler Grundlage nicht denkbar.«

Im Lichte dieser Erkenntnis des bedeutendsten Physikers unseres Jahrhunderts erscheinen alle Pläne zur Schaffung neuer Generationen von Waffen abenteuerlich, verantwortungslos und dumm. Auf lange Sicht bietet nur ein harmonisches Zusammenleben der Menschen auf unserem Planeten, welcher Nation sie auch angehören und welche Gesellschaftsordnung sie bevorzugen mögen, eine stabile Perspektive. Der Wegfall der Rüstungslasten würde es zudem ermöglichen, allen Mitgliedern der auf unserem Planeten lebenden Gesellschaft ein notwendiges Minimum an frei verfügbarer Energie, Nahrung, Kleidung und Wohnung zu garantieren – und nicht zuletzt das elementare Recht auf Arbeit. Auf dem Hintergrund einer solchen materiellen Gleich- und Sicherstellung bezüglich lebensnotwendiger Bedürfnisse könnte sich eine reiche und vielseitige Kultur entwickeln, in der sich jede Nation und Gruppe, ihren Traditionen, Interessen und Neigungen entsprechend, frei entfalten kann.

Eine Evolution hin zu Vielfalt im geistig-kulturellen Bereich auf der Basis gesicherter und für alle etwa gleicher materieller Voraussetzungen sowie der Erhaltung der natürlichen Umwelt und aller Formen und Arten des Lebens, wäre das nicht ein akzeptables stabiles Szenario für den Fortgang der Evolution? Kulturelle Diversität auf dem Hintergrund materieller Gleichstellung, so lautet also unsere Formel für die nächsten Sekunden, Wochen und vielleicht Monate (?) der Modellzeit. Aber natürlich sind das Spekulationen.

Auch wie es im kosmischen Maßstab weitergeht, d. h. im nächsten Jahrzehnt oder Jahrhundert (?) der Modellzeit, wissen wir nicht, denn viele offene physikalische Fragestellungen harren noch ihrer Lösung. Dazu gehören die Frage nach der Existenz einer endlichen Ruhemasse von Neutrinos und auch die nach der Reichweite des zweiten Hauptsatzes der Thermodynamik.

Nehmen wir einmal an, daß die Neutrinos eine Ruhemasse besitzen – viele Anzeichen sprechen ja dafür –, dann wäre die mittlere Massendichte in der Metagalaxis viel größer als bisher angenommen, und daraus würde eine größere Kraft der Gravitation resultieren. Die Relativitätstheoretiker und Kosmologen sagen unter solchen Annahmen voraus, daß die Fluchtbewegung der Galaxien immer weiter gebremst wird und schließlich in eine allgemeine Kontraktion mündet. In einer Kontraktionsphase würde sich die Metagalaxis wieder aufheizen und könnte eventuell wieder in eine heiße und dichte Phase einmünden; Ordnung verwandelt sich wieder in Chaos. Auf weite Sicht wäre ein periodischer Wechsel von Expansion und Kontraktion anzunehmen. Bei uneingeschränkter Reichweite des zweiten Hauptsatzes der Thermodynamik wäre allerdings eine Art des von Helmholtz und Clausius postulierten »Wärmetodes« denkbar. Wir neigen dazu, dem zweiten Hauptsatz der Thermodynamik nur für Expansionsphasen Gültigkeit zuzumessen. Die in solchen Phasen gültigen Anfangs- und Randbedingungen favorisieren retardierte Prozesse (z. B. auslaufende Kugelwellen) vor avancierten Prozessen (z. B. einlaufenden Kugelwellen). In Kontraktionsphasen der Metagalaxis könnte das ganz anders sein, wir besitzen ja keinerlei experimentelles Material über solche Phasen. Immerhin scheint es denkbar, daß in Kontraktionsphasen die avancierten Lösungen und »antientropische« Prozesse favorisiert werden.

Wir wissen es nicht und können auch nicht mit einer schnellen Klärung solcher Fragen rechnen. Wenn aber die beiden recht spekulativen Hypothesen zutreffen, d. h., wenn die Massendichte im Universum überkritisch ist und wenn der zweite Hauptsatz für Kontraktionsphasen gewissermaßen sein Vorzeichen wechselt, wären ungedämpfte Oszillationen der Metagalaxis denkbar. Ordnung und Chaos würden sich periodisch ablösen, wobei die konkreten Formen der Ordnungszustände in jeder Periode verschieden sein könnten. Die Metagalaxis wäre ein Laboratorium der Selbstorganisation, in dem immer neue Strukturen realisiert werden.

Wir überlassen es der Phantasie des Lesers, sich von solchen Spekulationen zum Entwurf eigener Vorstellungen und Bilder anregen zu lassen. Zum gegenwärtigen Zeitpunkt reichen die Kenntnisse der Naturwissenschaft nicht aus, um sichere Aussagen zu machen.

Eines wissen wir jedoch im Ergebnis einer langen Geschichte der Erforschung der Natur mit Sicherheit: Unser Planet, der ein Bestandteil unserer Metagalaxis ist, besitzt die Fähigkeit zur Selbstorganisation. Im Verlauf eines langen historischen Prozesses, den wir Evolution nennen, hat sich auf der Erde durch Selbstorganisation aus anfänglich thermischem Chaos Ordnung gebildet. Als höchste Form der Ordnung haben sich lebende Systeme entwickelt, die die Fähigkeit zur Aufnahme, Speicherung, Verarbeitung und Weitergabe von Informationen besitzen. Selbstorganisation ist eine fundamentale Eigenschaft unserer Welt. Sie hat aus thermischem Chaos Ordnung geschaffen und in ihrer höchsten Form Information.

Weiterführende und ergänzende Literatur

Ebeling, W.: Strukturbildung bei irreversiblen Prozessen. Teubner-Verlag Leipzig 1976, Stuttgart 1976

Ebeling, W., und Feistel, R.: Physik zur Selbstorganisation und Evolution. Akademie-Verlag 2. Auflage Berlin 1986

Ebeling, W., Feistel, R., Gehlert, A., und Herzel, H. P.: Zur technischen Nutzung von Autostrukturen und von Prinzipien der Selbstorganisation und Evolution. Humboldt-Universität Berlin 1985

Ebeling, W., und Klimontovich, Y. L.: Selforganization and Turbulence in Liquids. Teubner-Verlag Leipzig 1984

Eigen, M., u. a.: Ursprung der genetischen Information. Spektrum der Wiss. Bd. 6, S. 37–66, 1985

Eigen, M., und Schuster, P.: The Hypercycle – A Principle of Natural Selforganization. Springer-Verlag Berlin 1979

Eigen, M., und Winkler, R.: Das Spiel. Naturgesetze steuern den Zufall. Piper-Verlag München, Zürich 1975

Ermisch, A.: Auf den Nerv gefühlt. Urania-Verlag Leipzig 1978

Fachlexikon ABC Neurobiologie. Verlag Harri Deutsch Thun, Frankfurt/Main 1989

Haken, H.: Springer Series in Synergetics, Vol. 1–35.

Haken, H.: Erfolgsgeheimnisse der Natur. Dt. Verlagsanstalt Stuttgart 1981

Hofbauer, J., und Sigmund, K.: Evolutionstheorie und dynamische Systeme. Parey-Verlag Hamburg 1984

Klix, F.: Erwachendes Denken. Verlag der Wiss. Berlin 1985

Körner, K.: Wie das Leben entstand. Urania-Verlag Leipzig 1977

Küppers, B. O.: Molecular Theory of Evolution. Springer-Verlag Berlin 1983

Küppers, B. O.: Der Ursprung biologischer Information. Piper-Verlag München, Zürich 1986

Nicolis, G., und Prigogine, I.: Die Erforschung des Komplexen. Piper-Verlag München, Zürich 1987

Peitgen, H.-O., und Richter, P. H.: The Beauty of Fractals. Springer-Verlag Berlin, Heidelberg 1986

Prigogine, I., und Stengers, I.: Dialog mit der Natur. Piper-Verlag München, Zürich 1981

Rechenberg, I.: Evolutionsstrategie – Optimierung technischer Systeme nach Prinzipien der biologischen Evolution. Fromman-Verlag Stuttgart 1973

Schwefel, H. P.: Numerische Optimierung von Computermodellen mittels der Evolutionsstrategie. Birkhäuser Basel 1977

Wolf, G.: Neurobiologie – Vom Molekül zum Verhalten. Akademie-Verlag Berlin 1976

Wolkenstein, M. V.: Entropie und Information. Akademie-Verlag Berlin 1989

Glossar

Assoziatives Gedächtnis: Form der Speicherung von Information, welche die Elemente nicht lokal an bestimmten Orten des Speichers, sondern global in Form der Vernetzungen fixiert.

Autoschwingungen = selbsterregte Schwingungen: Damit wird eine Klasse ungedämpfter Schwingungen bezeichnet, die in vielen natürlichen und technischen Systemen auftritt. Beispiele sind die Luftschwingungen in Orgelpfeifen, das Schwingen von Geigensaiten, das Flattern von Flugzeugflügeln und das Ticken von Uhren. Ausgehend von beliebigen Anfangszuständen erreichen selbsterregte Schwingungen nach einiger Zeit eine stationäre Amplitude.
Die Entstehung von Autoschwingungen ist nur in Systemen möglich, die permanent mit hochwertiger Energie gepumpt werden. Für Orgelpfeifen ist das z. B. der Blasebalg und für elektrische Uhren die Stromquelle.

Autostrukturen, siehe dissipative Strukturen

Autowellen: Mit diesem von Khochlov geprägten Begriff bezeichnet man ungedämpfte schwingende Wellen, die lokal selbsterregten Schwingungen entsprechen. Beispiele sind Herzwellen, Hirnwellen und die bei der bekannten Belousov-Zhabotinsky-Reaktion beobachteten Wellenphänomene.

Boltzmann-Dynamik: Hiermit bezeichnet man einen bestimmten Typ dynamischer Prozesse, die in thermischen Systemen ablaufen bzw. analog zu thermischen Prozessen sind. Bei einer Boltzmann-Dynamik sind Prozesse, die zu einer Verringerung der Energie führen, immer wahrscheinlicher als solche, die mit einer Energieerhöhung verbunden sind.

Chaotische Dynamik: Prozesse, die empfindlich von den Anfangsbedingungen abhängen. Wegen der grundsätzlichen Unmöglichkeit, den

Anfangszustand als mathematischen Punkt festzustellen, gibt es für diese Prozesse (darunter auch das Wetter) Grenzen der Vorhersagbarkeit.

Dissipative Strukturen: Räumlich, zeitlich oder raumzeitlich organisierte Strukturen, die durch eine Diskontinuität (einen kinetischen Phasenübergang) vom thermodynamischen Gleichgewicht getrennt sind. Beispiele sind die Konzentrationsmuster bei der bekannten Belousov-Zhabotinsky-Reaktion, die Muster an der Oberfläche von heißem Milchkaffee, Wirbel, Zyklone usw.

Entropie: Ein von Clausius eingeführtes Maß für den Wert der Energie, die in einem Körper steckt, bzw. ein Maß für die molekulare Unordnung; ist im thermischen Gleichgewicht maximal.

Evolution: Im physikalischen Sinne unbegrenzte Folge von Prozessen der Selbstorganisation.

Gradientendynamik: Hiermit bezeichnet man eine Klasse von Prozessen, die nur in Richtung einer Verkleinerung von Energie ablaufen. Beispiele sind die Bewegung von Wassertropfen auf dem Wege von ihrer Bildung in Wolken bis ins Meer oder die von Steinen, Schlitten, Skiläufern usw. im Gebirge.

Gradientenstrategie: Suchprozesse, die einer Gradientendynamik folgen oder eine solche auf dem Rechner simulieren.

Nichtlineare Dynamik: Wenn die zeitlichen Änderungen der Zustandsvariablen den wirkenden Ursachen bzw. Kräften nicht direkt proportional sind, sondern komplizierte Ursachen-Wirkungs-Beziehungen auftreten, spricht man von nichtlinearer Dynamik. Mathematisch gesehen heißt das, die Differentialgleichungen, welche die Ableitungen von Größen mit Größen selber verknüpfen, haben nicht die Form linearer Gleichungen. Die grafische Darstellung solcher Zusammenhänge würde gekrümmten Kurven oder Flächen entsprechen.

NP-Vollständigkeit: Mathematischer Fachausdruck für eine besonders schwierige Klasse von Problemen. Diese Probleme zeichnen sich dadurch aus, daß der Aufwand nicht nur polynomial (potenzartig) mit der Anzahl der Elemente des Systems wächst, sondern noch schneller ansteigt, z. B. nach einem exponentiellen Gesetz. Zu den NP-vollständigen Problemen gehört z. B. die Aufgabe, n Städte auf einem möglichst kurzen Wege zu verbinden, oder die, die Länge der Verbindungen auf einem mikroelektronischen Chip durch günstige Positionierung der Elemente maximal zu gestalten. NP-vollständige Probleme erfordern einen extrem hohen Aufwand an Rechenzeit, wenn die Zahl der Elemente (Städte, Bauelemente) n sehr groß ist.

Selbstorganisation: Irreversible Prozesse in nichtlinearen dynamischen Systemen, die durch das kooperative Wirken von Teilsystemen zu komplexeren Strukturen des Gesamtsystems führen. »Selbst« soll ausdrükken, daß die entsprechenden Strukturen nicht von außen aufgeprägt bzw. organisiert werden, sondern das Resultat innerer Wechselwirkungen sind.

Sigmoid-Funktion: Terminus technicus für eine mathematische Funktion, die wie eine einfache abgetretene Stufe aussieht. Die Sigmoid-Funktion beschreibt den Übergang von einem bestimmten konstanten Funktionswert zu einem höheren, ebenfalls konstanten Funktionswert.